锵锵三人行

文化圈

窦文涛·主持

凤凰出版传媒集团
江苏文艺出版社
JIANGSU LITERATURE AND ART
PUBLISHING HOUSE

目录

对「形而下」我愿意磕个头

王蒙

用文学克服官僚主义很困难，用官僚主义克服文学很容易。

很多伟大人物犯错误，不是在高深的理论，而是在最简单的问题“常识”上犯错误。

我对形而上愿意给它三鞠躬，我对于形而下我想跪下磕个头，为什么？因为形而下完了你才能形而上。我常说这话，中华民族吃饱才几年啊，咱整个民族史就是饥饿史呀。

我不乐观怎么办，你让我干吗？你是想让我自杀想让我发疯，你给我一建议。我只有一个选择：乐观。

窦文涛：锵锵三人行！今天啊是我非常愉快的一天，因为能把王蒙老师请来跟我们聊天。到处都见不到您呢，王老师。

许子东：电视台新来的年轻人。（笑）

王蒙：老年轻人。

窦文涛：而且您也正好是许老师的研究对象，我看也是我们国家的研究对象。

王蒙：不敢当，不敢当。

九次里头有七次遇难成祥

窦文涛：王老师您看您这三本自传，第一部《半生多事》，第二部《大块文章》，第三部名字您给解释一下——《九命七羊》？

王蒙：这是一个世界性说法，包括中国的汉族和新疆少数民族，印度、俄罗斯、美国都有这个说法。有的说猫有九条命，有的说狗有九条命。俄语的说法是猫有九死——

窦文涛：九死一生吗？

王蒙：不是，是东方不亮西方亮。这个活儿干不成，咱换一个；那个活儿干不成了，咱再换回来；所以这命还挺多。七羊呢，羊古代与“祥”相通，吉祥。“九命七羊”就是经常逢凶化吉，有贵人、高人鼎力相助，起码九次里头有七次遇难成祥。

许子东：苦中作乐，这是。

王蒙三本自传洋洋百万言，被称为“一个中国知识分子的心灵史”。

窦文涛：这反映出您对命运的看法，您比较乐观。据说您阳历生日跟尼采同一天呢，阴历的生日跟——

王蒙：跟夏衍。

窦文涛：跟夏衍一个生日。说起尼采，我就想起生命力特别强的人常常给我们一种感觉，好像这人一辈子活了好几个人的一辈子。

> 不要以为九命的方式是一个左右逢源，无往而不利的方式。不，九命后边还有一心，有一心冒出去并且不停地冒下去的傻气，豪气，热气，莽撞之气，北京俗话叫“冷锅里冒热气”。
>
> ——王蒙《九命七羊》

许子东：他是十几岁就参加共产党了。（笑）

王蒙：还差五天十四岁。

许子东：那不是少先队的年龄吗？

王蒙：那是因为我十一岁呀，我自个儿就和地下党建立固定联系了。我当时在平民中学——现在的四十一中，参加演讲比赛获得了名次，成了全校很多人认识的小孩。这时候有一个垒球明星何平，过来问："小王蒙，最近干什么呢？读什么书呢？"我说我读什么读什么，然后给自个儿来了一句——这可真叫玩悬了——我现在"思想左倾"！

许子东：（笑）那时候左倾时髦哟。

王蒙：不是，危险哪。他一听，两眼"呼扇呼扇"就着了火，"哎，上我家来"。他家里完全就是一个党校。

许子东：地下党？

王蒙：地下党。

窦文涛：原来是我党这么重要的一个人物啊，哈哈，而且在那么关键的历史时期。

气恼很少超过二十四小时

窦文涛：我记得您1986年是文化部部长，所以我们头一回请来了一个部长级干部。

许子东：前部长。

王蒙：原部长。（笑）

窦文涛：您现在是——

王蒙：到生日是七十四岁。

窦文涛：这年龄有人说是随心所欲不逾矩，但也有人感觉思维各方面确实差一些，您对年龄什么感觉？

王蒙：视力不如过去，阅读量不如过去，另外有忘事儿的情形，但是有倾吐的愿望，而且动不动还情绪波动这一点基本跟过去一样。

许子东：这个少共没改过。（笑）

王蒙：随心所欲不逾矩？没门儿。经常还是有困惑。

窦文涛：会生气？

王蒙：会气恼，但是我气恼很少超过二十四个小时，最多三十六个小时，不管生多大气。

> 心理健康的“三个标准”：
> 第一是基本的善良。对他人的善意，其中尤其要强调的是克制嫉妒。
> 第二是明朗。善良才能明朗，嫉妒、狭隘、阴谋、怨毒，只会带来黑暗。
> 第三是理性与自我控制。我深深地体会到，不论你有多么正当的理由，怒火攻心永远是一种失败的表现，绝对地属于消极的精神现象，绝对地只能导致丢人现眼的结果。
>
> ——《王蒙自述：我的人生哲学》

窦文涛：七十岁的人会觉得我现在这岁数了，可能某些事情会受年龄的影响，不见得很客观。您会有这种自我意识吗？

王蒙：当然。所以我有时候也挺注意青年人对一件事情什么看法。举个例子，年轻时候我喜欢唱苏联歌曲，还教我的孩子们唱，教两次我就明白了，不可能！

我够心平气和的了

许子东：我本来以为您这个自传啊，到了第三本书的时候，应该心平气和一点。到了这个年龄，到了这个高峰，回过头以前很多事，应该淡一点了。可是我看完了以后觉得不是，第三本书火气勃勃，热情洋溢，而且还是少年之心，您这是没改变啊。

王蒙：没有啊，我够心平气和的了，哈哈。

许子东：（笑）您还够心平气和？！您不知道得罪多少人呢您这第三本。

王蒙：我对待别人有些说法，比如我语带讽刺……其实我里面的自嘲未必少于对别人的讽刺。

许子东：可人家就跳过那些自嘲，只找讽刺他的那一句。

窦文涛：我看所有敏感人物，您都是英文字母代替，（王蒙大笑）A、B、C、D。

许子东：我想起鲁迅有篇散文《死亡》，鲁迅最后说那些恨我的人，由他们去恨吧，我一个都不宽恕。我总感觉您对以前那些人和事，基本也是这个姿态。

王蒙：不是，我一个也不记恨，而且我尽量替他们着想。我说过一个例子，有一位比较严峻的领导，讲了一段传出来挺严峻的话。但大家说，他讲这话的时候，领带上有一串儿汤——他喝汤的时候，顺着下巴就流下来了。我听了非常感动，我说咱们只要不夭折也有这一天。那个言语压力呀，那个厉害啊，一下子就减弱了。后来我闺女说，您还想夭折？来不及啦，您都这岁数了您还夭折？

窦文涛：（笑）这说明您潜意识里还没把自个儿当老人。

许子东：问题就在您刚才举的这个例子，你觉得对这个汤沾在领带上的领导，您很宽容很理解。可是那领导或领导的儿子女儿要是看到这一段——

王蒙：他肯定会很生气，那我没办法了。但是我没有恶意，而且我现在可以在这儿说，我已经有喝汤往下掉的情况了。当然咱不表演，表演不好看，不雅，哈哈！

是我开放了中国歌舞厅

窦文涛：掉汤的人我喜欢。掉汤的人他饱经沧桑啊，什么都经历过了，从底层到高层。您这个自传叫《一个人的国家日记》，我先问问，您当文化部长的时候有什么政绩啊？

王蒙：黄苗子老师在香港写过一篇文章，说王蒙这人不错，但是他当部长没有什么政绩……我就窝囊了半天。

许子东：他这句话的次序是不是倒过来的？是说您虽然没什么政绩，但是人不错。（笑）

王蒙：后来我见着他，我说你怎么说我没政绩啊？他说你有什么政绩啊？我立刻不假思索地回答，我开放了歌舞厅啊。因为就在我上任之前几个月，还有四个部门联合通知严禁营业性歌舞厅的出现。

许子东：就是卡拉OK的出现？

王蒙：不是，是歌舞那种，尤其是交谊舞。光唱歌那时候广东已经可以了。

窦文涛：您的意思我们今天在夜总会里玩得开心，都得感谢您了。

王蒙：赶上这时候得有一个人出来办这事儿，我就是办这事儿的。管治安的部门提出来，歌舞厅一开，会有小流氓！我说有小流氓好啊，太好了，现在你不是没地儿找他呀，他出来了咱们欢迎啊，咱们有便衣啊，是不是？需要扭送咱就扭送，需要带走咱就带走。

窦文涛：正好诱敌深入了。

王蒙：我说这怕什么呢？咱们怕俩流氓？

许子东：舞厅原来是老鼠夹子。（大笑）

窦文涛：您当时为什么就觉得这事儿能行呢？

王蒙：我觉得这里头牵扯到对文化工作的认识。文化工作有教育的功能，有动员的功能，像电影《英雄儿女》里头“啪啪啪”打着快板，大家抗美援朝去打仗。

窦文涛：革命宣传队，这是。

王蒙：但是在革命胜利以后，它也有消费的功能，也有娱乐的功能。

开会开得有点坐不住

许子东：您去文化部做部长之前是作协的，《人民文学》的主编，很有名的作家。当时大家都奇怪，这个作家怎么做部长呢？

王蒙：我呀也推辞了半天，但是这个事情轮到我头上也是事出有因。毕竟我从十一岁起就和地下党建立了固定联系，还差五天满十四岁就成为中国共产党地下组织的一员了。然后北京解放，1949年3月我还不满十五岁就成了新民主主义——那时候还不叫共产主义——青年团的干部。所以我确实从小有这方面的熏陶，也有这方面的训练。

许子东：可是你二十几岁做“右派”了呀。

王蒙：所以革命的事儿没那么简单！（窦文涛、许子东大笑）可不像小孩儿想的，好家伙，拿着红缨枪往上一冲，把坏蛋全给杀了，然后咱们国家就特别好……没有那么简单！

窦文涛：党肯定一直惦记着您。但是当文化部长的时候，您身为作家，觉得有什么新鲜的吗？到了政府这么一个地方。

王蒙：当然。我必须实话实说，有许多我不习惯的东西，比如开那么多会，从早到晚开会，有时候国务院开会连着开三天、四天、五天，开得我有点坐不住。但是特别不习惯的，没有！

许子东：比管作协好。

王蒙：比作协正规多了。作协开会是这样，开会的时候大家谈得非常热烈，开完以后你基本不知道是个什么情况。文化部不是，很正规。但是后来我也警惕，话不要随便说，因为你说了以后，就有人记下来，有人去执行，然后回过头来要求你进一步落实。像刚才说的那个歌舞厅，就这么给开放了。再比如邀请帕瓦罗蒂来华演出。

窦文涛：对，我见着你们合影了。

王蒙：演出协议是我上任以前就定下来的。但是我呢，非常重视这

> 我开了一次干部会，特别注意邀请了原部领导一些老同志参加。我大讲要争取文化事业的长期稳定的发展。我从经济工作的说词中借用了长期稳定发展的提法，这样是一种方略，一种模式，一个法门：谈文艺文化工作，要多用经济社会政治党务工作的提法，你的提法一定要离《人民日报》社论近，而离文化文艺专业远。
>
> ——王蒙《大块文章》

件事，把它搞得规模比较大，最后是在人民大会堂举办的音乐会。

窦文涛：那时候邀请帕瓦罗蒂、多明戈来演出，算不算是中国文化走向开放的一个标志？

王蒙：当然了。

邓丽君从没说过要来大陆

许子东：还有一件有争议的事是邓丽君，邓丽君不能来，是吧？

王蒙：这是媒体哄起来的，她从来没说过要来。

许子东：不是说不让来？

王蒙：不管是演出公司还是剧院，或者是文化部门，没有任何人跟她见过面，通过电话，客气两句。而且当时上边看法特别不一样，批示说，她来演没什么好处；另外一位领导说，原来认为没什么好处，现在认为还可以；又一位领导批示，关于邓丽君演出问题除文化部外其他部门不要插手；又有一个比较伟大的城市的市领导和文教书记来找我，说你们是不是不敢请邓丽君哪，我们请！——我们国家领导干部里热情冲动而且敢于承担的人，还是多得很！后来我说，这玩意儿怎么办啊？都是领导，都是上级，你们之间意见不一样，我怎么办啊？我敢得罪谁啊？我敢不执行谁的啊？是不是？

窦文涛：那您怎么办呢？

王蒙：怎么办？我把所有关于邓丽君的原始材料全调出来，从头看，证明她本人没有提出过要来演出。

窦文涛：哎呦，弄半天人家自己没要来啊。

许子东：我们这边已经在商量怎么招待了。（笑）

王蒙　：第二，也没有哪个剧团请她，没有哪个剧场请她，没有哪个经纪人——当时还不叫经纪人，叫穴头——请她，没有哪个演出公司请她。这事儿本来就不是文化部的事儿，你文化部干吗整天研究人家邓丽君来不来，她来了再说呀。

窦文涛：整了半天单相思。（笑）

王蒙　：另外她要来了，文化部可以讨论，咱们是不是欢迎欢迎，还是热烈招待，还是再怎么样。

许子东：您这是第一手（资料），您不说我们还一直以为是邓丽君要来没来成。

王蒙　：是啊，根本就不存在这个问题。

窦文涛：还有一件事我觉得也可以归您的政绩。我现在还主持选美，选美现在大行其道，甚至叫“选秀”了。听说选美也是当年您任上出现的？

王蒙　：那时候这个事儿办不成。当时深圳有一个活动，还不敢叫选美，叫什么礼仪小姐、导游小姐还是时装模特的，我也记不清了，反正是在里头选。结果就有人告上去，说这不是变相选美吗？于是有好几位非常著名的妇女革命家——也都担任着相当的领导职务，她们批下来了，不能搞这东西，这是资产阶级的呀，是拿女人当玩物啊。所以我赶紧贯彻，通知深圳不准搞。我当部长那几年，一提广东、深圳，一会儿这么说一会儿又那么说，一会儿说好一会儿说坏，现在这些问题都不存在了。

许子东：实践是检验真理的标准，改革开放都三十年了。

王蒙　：还有音乐剧《猫》，最早是日本人提出来把日本版拿这儿演，文化部领导不敢同意。我上任以后，说录像带我看看，看了看，就没敢再说。但是现在你看《猫》演得多成功啊，上海演了，北京演了，票还非常贵，一两千块钱一张票。

许子东：我到现在还没搞懂这个《CATS》有什么好看的。

王蒙：就那个歌儿挺好，唱得好。

许子东：那个《Memory》是比较好。

音乐剧《猫》海报
《猫》改编自T.S.艾略特的诗作《老负鼠讲讲世上的猫》。1981年在伦敦首演，是迄今以来最著名的歌舞剧。

如何把官话说得更实际

窦文涛：当部长是不是也得会说官话？

王蒙：我一直在追求什么呢，就是把这个官话，把中央的精神，能够尽量地与实际情况和老百姓的语言结合起来，尽量地用一种谈心的方式，一种讨论的方式，一种辨析的方式，讲得能够让更多人接受。

许子东：您知道人家怎么称赞您或者说暗讽您，说您跟领导说话，领导觉得好像在替领导说话；同一番话群众听了呢，又觉得好像在替群众说话。

王蒙：这是河南作家乔典运说的，他可没当着我的面说，是张宇传给我的。他说，你看人家王蒙说话，同样一个场合的话，领导听了觉得他在替领导说，群众听了觉得他在替群众说。

窦文涛：等于是群众当了领导嘛。（三人笑）我注意到您书里还写到一个细节——这真是一种说话的艺术，就是您到了一个地方，好像当时一帮作家在说文学的功能是揭露社会阴暗面，您说文学应该触及的是灵魂，要立体化地反映生活的各个方面。

王蒙：那是我去陕西，当时正讨论文学的功能，一是干预生活，一是揭露阴暗面。“触及灵魂”其实不是我发明的，是高晓声最早说的，他说文学主要是干预灵魂。你说文学是干预生活？干预医院？干预铁路？还是干预公安？

许子东：文学在现实的运作层面很少起作用，主要还是作用于人心。

王蒙：甚至不好听的话我都说过，我说用文学克服官僚主义很困难，用官僚主义克服文学很容易。（笑）

窦文涛：没错儿，这是作协主席会说的话。

王蒙：我建议揭露生活中的困难、矛盾，而不光是阴暗面。后来陕西有些老作家，胡才、杜鹏程、王汶石、李若冰几个都同意。当时杜鹏程主持会议，马上就说，完全赞成王蒙同志的意见，他讲干预灵魂与揭露矛盾，比讲干预生活与揭露阴暗面——这是当时苏联二十大以后的口号——要更全面。

许子东：而且当官的又比较放心，他们就怕你直接干预生活，（三人笑）灵魂的事情他们也不管。不过人们只看到您的这一面，觉得您极其聪明，说话几面讨好。我却注意到您常常也站在人家的对立面说话，比方出国访问老替共产党说话，人家一说中国有什么问题，您就坚持我们国家有自己的特点……但是在北京又老说西方的很多东西不应该简单批判。这不是到处不讨好吗？

王蒙：那怎么办哪？如果要我跟他们说一样的话，我还去干什么，他们自个儿说就完了，是不是？

窦文涛：但是一个作家，咱们过去说士大夫有种所谓“清高”，您当时怕不怕同行或圈子里的人觉得这个人怎么爱当官啊，或者往“左”靠啊，有这担心吗？

王蒙：我想不会的，为什么呢？它有一个互相引导，有一部分愤青把我往“左”的方面推的时候，真正那些“左”的恨不得把我打成什么“分子”才好，他们互相批。所以我老琢磨一个可能性，开一次关于王蒙的研讨会，让这两方面的人一块来讨论，特别有意思。

窦文涛：那成了大辩论了。（笑）

王蒙：让胡一虎组织去。

窦文涛：一虎一席谈。（笑）像刚才许老师还说您到外国说中国的好——

王蒙：也不是绝对的，有时候他们说得太过，有些问题他们外行。譬如他说您认为中国政府现在的政策能出大作家吗？我说出大作家跟政策并不是直线关系，曹雪芹是由于康熙的政策好，还是乾隆的政策好，还是雍正的政策好啊？

许子东：人家的意思是说政府迫害作家。

王蒙：当然你要给作家迫害得忒厉害了也不行，忒厉害了把肉体都消灭了，这个作家有多大本事也写不了。从个人来说，我希望作家条件越来越好。但是从作家本身来说，要真是条件特别好，让您住着五星级宾馆您就写出好作品来了？绝对不可能。

大陆作家错过诺奖

窦文涛：我发现您书里有些秘闻，比如当年马悦然让您提供一份中国作家名单，有韩少功、铁凝这些人，据说这个名单被认为是有什么提醒性、警示性意味？

王蒙：是这样子的，1994年我收到马悦然先生一封信，说瑞典科学院想邀请您来作一次访问，而且希望您提供一个书面材料，这个材料不要少于十五页——有意思，洋人不讲字数讲页数，写大个儿的字。（笑）

许子东：（大笑）给来个双行的。

王蒙：说您可以推荐五个中国作家来争取诺贝尔文学奖，这五个作家中也可以包括您自己，我们付给您劳务费，大约是2000美元。

窦文涛：那时候您是部长吗？

王蒙：不是，我已经下来了。

窦文涛：可以赚点外快了。

王蒙：当时2000美元还挺多。我非常认真，按拼音字母的顺序，有铁凝、王安忆、韩少功、张炜，我还留下一个，虽然有点不好意思，还是想把自己往里放。后来我委托现任外文出版局副局长黄友义先生翻译，他英语特棒，在英国美国都留过学。结果翻译完了，马悦然（1924—），诺贝尔文学奖十八位终身评委之一，也是评委中唯一深谙中国文化、精通汉语的汉学家。

如果沈从文1988年没有去世，他肯定是该年度诺贝尔文学奖获得者。
鲁迅的纯文学作品虽然不多，但水平却非常高。当年没有人向诺贝尔文学奖推荐鲁迅，这是非常大的遗憾。
当代中国作家中，阿城是最好的。他的《棋王》《树王》和《孩子王》，绝对是佳作。

——马悦然评价中国作家

当时的规则是先要征求我们驻斯德哥尔摩一个机构的意见，看适不适合去。这个机构说不要去。

窦文涛：前部长。

王蒙：然后文化部也史无前例，正式发了一个文，说我们认为王蒙先生有足够的经验可以应对任何复杂局面，还是应该去一下，有利于文学交流。

窦文涛：地下党嘛，（笑）经验很丰富。

许子东：久经考验了。（笑）

王蒙：但是我们那个有关机构说，不，他不能去。于是就改由斯堪的纳维亚半岛的萨斯航空公司总裁发邀请，说邀请你到瑞典进行访问。咱们这个机构火眼金睛，说航空公司邀请，王蒙又不搞民航，他来干吗？背后仍然是马悦然，还是去不成。这时候瑞典的外交部长兼副总理，一位女士，和我们国家管外事工作的领导人见面，特别提到欢迎王蒙先生去访问。一位副总理说，既然这样，就去吧！同意去了。可是文化部管具体工作的机构“火”了，说我们提了多少次要去，你不让去，现在突然一高兴又让去了——他不知道是副总理说的，以为是具体机构突然改了主意，要知道是副总理他不敢——不干！这事不去了！

许子东：赌气了。

王蒙：这你可别小看，每人都有每个人的作用，局长有局长的作用，处长有处长的作用。总之，一句话，完了，没去成。

窦文涛：没去啊，最后。

王蒙：没去成。而且最可笑的是，瑞典斯德哥尔摩大学中文系的主任罗德必到我家来了一趟，我也不能说是哪儿不同意我去，只说看样子手续没办下来，估计去不成了。

许子东：人家以为您不愿意去。

王蒙：这是罗德必判断的。

许子东：觉得王蒙看不起我们。

王蒙：对，罗德必到马悦然那儿说，王蒙不愿意来！王蒙下礼拜去首尔了——那时候还叫汉城。马悦然就很火，说他汉城能去，台湾能去，就斯德哥尔摩他不来。发了一个声明，说王蒙不来证明中国有关方面——他还以为我代表谁呢——对瑞典科学院没兴趣，没有和诺贝尔文学奖打交道的愿望。这里头有一个暗示，就是中国作家从此甭想得诺贝尔文学奖，你们自个儿不愿意来！

窦文涛：您的意思当时要一切顺利的话，没准儿就是您名单里的谁能得诺贝尔文学奖。

王蒙：不见得，但它有参考作用，人家也很重视，认为起码我当过文化部长，和中国的领导层还有这样那样的关系。我当时还是全国政协常委之类的，所以他们认为可以和我作一些这方面的交流和撮合。

许子东：至少不应该产生误会，造成诺贝尔评奖委员会跟中国政府之间好像很对立，这是不应该的。

王蒙：但是想对立的人绝对有。1993年我拜访纽约华美协进会，讲完了话，美国国际笔会的秘书长，一个富有侵略性的女士问我，王蒙你知道吗？今年要给北岛发诺贝尔文学奖了。

许子东：北岛提名好几年了。

王蒙：我说我不知道，诺贝尔文学奖是保密的。她说，但是我知道。她真是充满自信。我说那很好啊。她说你什么态度？我说什么态度，谁得我都得祝贺呀，那么大一笔钱。

窦文涛：为了钱祝贺啊。（笑）

王蒙：我说你得了我也祝贺呀，是不是？她说那中国作家对这个什么态度？

窦文涛：我也想问您这问题。

王蒙：我说有人高兴，有人不高兴。她立刻就活跃起来了，Why？为什么会有人不高兴？我说你难道不知道吗？一个writer，He or she，他会想Himself or herself is the best one，哪个作家会觉得别人该得诺贝尔奖呢。

窦文涛：没错儿，文无第一，武无第二。

王蒙：然后她接着问，中国政府对这个什么态度？我说我现在不担任文化部部长，也不能代表中国政府发表看法。当时我有一个印象，就是这姐们儿拿一个红布，“啪啪”，西班牙斗牛，冲过来。她要的是这一手。

许子东：撩拨我们。（笑）

诺奖并非文学最高标准

窦文涛：像一般聊闲天就说，咱们写小说的，干吗在乎它（诺贝尔奖）怎么看我。您怎么看呢？

王蒙：我觉得也对。从改革开放以来，大家都有一种情绪，希望自己被世界所承认，叫做“走向世界”。

许子东：好像自己本来在世界以外，现在走向世界。

王蒙：拍电影的人想得戛纳，得奥斯卡。体育好办，刘翔大家都承认。可是文学最要命，语言不一样啊。另外诺贝尔文学奖评委会，瑞典科学院只有十八九个人是有投票权的，其中懂汉语的只有马悦然一人。

窦文涛：以您的文学眼光，您觉得您够格儿得奖吗？

王蒙：我觉得问题在于诺贝尔文学奖本身，它代表的并不是一种文学的标准。

窦文涛：那是什么标准？

王蒙：是什么标准我不知道，因为我弄不清这一批院士根据的是一种什么样的判断。有特别好的，譬如海明威、马尔克斯，影响非常

1927年，瑞典探险家斯文·赫定曾与刘半农相商，拟提名鲁迅为诺贝尔文学奖候选人。鲁迅复信说："我觉得中国实在还没有可得诺贝尔奖赏金的人，瑞典最好不要理我们，谁也不给。倘因为黄色脸皮的人，格外优待从宽，反足以长中国人的虚荣心，以为真可以与别国大作家比肩了，结果将很坏。"

大。还有一点特别可爱的地方，我觉得他们有几分天真，社会主义国家他们喜欢发给不同政见者、异议者，这是很明显的，比如帕斯捷尔纳克、索尔仁尼琴这些。西方国家他们喜欢发给左派。

许子东：对，很多左派。

窦文涛：比如萨玛拉贡就是葡萄牙共产党员，同情阿拉法特的。所以我们就分成了两派，一派认为诺贝尔文学奖跟天神一般，跟奥委会一样，你只有得了诺贝尔文学奖——

许子东：这是一个国际标准。

窦文涛：中国作家有两个原罪。第一，到现在为止，境内作家没人得诺贝尔文学奖；第二，谁的模样现在都不像鲁迅。

许子东：俩原罪，没诺没鲁。（笑）

王蒙：非诺非鲁。还有一派呢，认为诺贝尔文学奖是敌对性的，是为西化和分化中国而服务的。

许子东：和平演变的东西。

王蒙：我觉得这些说法都不符合诺贝尔文学奖的实际情况。第一，它并不是文学的最高标准，我们看一下文学史就知道，随便举一个例子，一开头诺贝尔文学奖还在挪威评，我们认为挪威最伟大的剧作家是易卜生，但是易卜生骂政府骂得很厉害，他那些文章里头，尤其是《国民公敌》，骂得太厉害了，所以诺贝尔文学奖不给他，给了比昂松，一个比他公关搞得好一点的人。所以诺贝尔文学奖也未能免俗。

自己把自己检举成“右派”

窦文涛：我一下子想到中国小说跟时代之间的关系，包括跟政治之间的关系。过去你们经历的年代，一篇小说就能成为全社会大讨论的分水岭，像当年《坚硬的稀粥》您有回忆吧，当时对它的批判是怎么回事？

王蒙：这事完全没有成为社会分水岭的那种规模。事情出来以后不久就被上边叫停了，过去了。

许子东：真的引起全社会注意的是《组织部新来的年轻人》。

王蒙：《组织部新来的年轻人》那时候被认为是很出格的，或者是很有挑战性的作品。

窦文涛：出格在哪儿啊？

王蒙：很多最喜欢我的领导，说你怎么能写党委的组织部门呢？组织部门你能随便写吗？当时压力非常之大，跟这相比《坚硬的稀粥》跟闹笑话一样，就哥几个玩玩儿，说说笑话。

许子东：但是现在回过头来看，这个小说好像在写您的一生啊。组织部是一个党的机构，这个年轻人林震是一个理想主义者，进去以后发现机构里边有些事情不太合意，他要适应。当时里边还有一个被描写成头脑清醒的官僚主义者，叫刘仕武，他知道这个年轻人想要什么，只是经验多了，就学会做人了。甚至有人批评说，王蒙自己就从林震慢慢变成了刘仕武，是不是？（王蒙大笑）像是一个隐喻啊。

王蒙：这个我倒没想过。那个作品也是因为阴差阳错的原因变得非常重要，它受到了毛主席的重视，毛主席保护了这个作品。

许子东：毛主席原话怎么说？

王蒙：说这个作品写反官僚主义我就支持，是不是有人写文章说北京没有官僚主义，北京怎么没有官僚主义？中央还有王明嘛。

许子东：这是借题发挥。

王蒙：然后说，王蒙年轻，又有文才，有希望。这个话我现在提起来仍然感谢毛主席，因为他第一个以这种身份来肯定我。他不说什么才华呀、才能呀这些咱们酸文人爱说的话，他叫文才，有文才。

许子东：可是没过多久你就变成“右派”了。（笑）

窦文涛：您对毛主席的感情叫做“知遇之恩”您也觉得不过分。

王蒙：说知遇之恩有点高攀。但是在此之前没有任何一篇重要文章或者一个正式讲话提到王蒙有文才。第一个发现王蒙文才的是谁？毛泽东。紧接着我就划成“右派”了，“右派”不是毛主席划的。

许子东：周扬划的。

窦文涛：您在书里说，是自己把自己划成“右派”的？

许子东：检讨得太起劲了，把自己思想里没人知道的东西全讲出来了。

王蒙：疯狂检讨，那是。

许子东：那时候“右派”是不是也觉得是自己不对？

王蒙：说实在的我已经不考虑对不对的问题了，而是考虑应该怎么在逆境下活下去。这种情况下如果还去争论我有没有错，就是两个

王蒙夫妇
王蒙新婚不久就划为“右派”下放京郊劳动。1962年被“摘帽”，但直到“文革”结束后，才重新获得发表作品的权利。

> 现在一切明白，如果我与她一样，如果我没有那么多离奇的文学式的自责忏悔，如果我没有一套实为极“左”的观念、习惯与思维定式，如果不是我见竿就爬，疯狂检讨，东拉西扯，啥都认下来，根本绝对不可能把我打成“右派”。
>
> ——王蒙《半生多事》

字：找死。

窦文涛：您说有几个人让您检讨错误，您就真的认为我一定有错，但思想一时还改不过来，回去真的每天晚上跟自己挖心窝子，小资产阶级思想我有没有？我软弱？我脆弱？后来见到太太，太太说，我一开始就不承认自己有错，这都是他们往我身上泼脏水。反倒您太太没有被划成“右派”！

王蒙：她那时候没有受到那么深刻的教育。

窦文涛：等于自己把自己检讨成“右派”了。当时人的心理是一种什么过程啊？

王蒙：我也说不清。对于组织生活这些东西我已经非常习以为常了，人是应该进行批评与自我批评呀，是应该克服自己身上的私心杂念、个人英雄主义等。

许子东：组织的需要为第一需要。

王蒙：对，个人利益要服从集体利益。我们那时候在组织生活上朗诵刘少奇的《论共产党员的修养》，大家“哞哞”地哭，感动的啊。这是一种意识形态的力量，不但是一种意识形态，而且还是一种感情形态。

许子东：所以说它是信仰系统跟权力系统结合得最紧密的一个时期。

知识分子“原罪感”有合理性

许子东：当时我父亲的一个好朋友许杰给打成“右派”了，他后来跟我讲他心理克服过程是这样的：虽然给打成右派，觉得好像不大对，因为一直很革命，怎么就做“右派”了，想不通；但是反过来想想，“右派”在社会上毕竟是少数啊，而且社会真的在发展啊，比起解放前好很多啊，所以觉得在少数人身上发生的事情就算是冤的是不合适的，主流还是好的啊，社会还在发展嘛……所以社会很容易就吞下了几十万“右派”的果子，大家继续往前走。多少年都是这样，以一个不正当的方法牺牲少数，而很多人竟然就把这个东西接受了。很多次以后才发现，不行，不能这样，少数其实是可以变成多数的。到了“文革”，那些把别人打成“右派”的官员，自己受到了同样方式的对待。

王蒙：那些反右的中流砥柱，他们的下场比“右派”还惨。

窦文涛：现在看起来多荒诞啊，今天还在说你是“右派”，明天他就成“右派”了。

许子东：他比你还厉害，他“走资派”。

王蒙：你想想看，工人、农民，尤其中国的农民，几千年来吃不饱，穿不暖，娶不上媳妇，文盲不识字；你一知识分子，起码是有钱上学，家里温饱问题基本解决了，是不是？你现在会写几篇狗屁小说，就忘记了广大的农民、贫下中农、工人、无产者，还怜悯他们，他们怜悯你了吗？无产者受的罪比你们少啊？现在让你也尝尝另一种境遇另一种经验，这对你来说是一个非常好的教育。我当时就用这个东西来鼓舞自己，说革命如果革不到自己身上，这个革命就不彻底。最后都革到自个儿脑袋上来了，这是真革命。（笑）

许子东：您觉得知识分子的原罪感是从什么时候开始的？

王蒙：我觉得这种原罪感有它非常合理的东西。整个社会有那么大一批人是被侮辱与被损害的，而你相对来说比他们要好得多，现在这些被侮辱与被损害的想收拾你两下，你怎么着？你冤，你上哪儿冤去？你活该，你自己借机会好好改造去吧。

窦文涛：真的心甘情愿。

王蒙：想起来非常神圣。

许子东：为什么那时候天赋人权、个人基本权利这些概念完全没有了？

> 只要想一想世世代代的杨白劳、喜儿、斯巴达克思、汤姆叔叔受了多少贫穷、痛苦、侮辱、压迫，血海深仇，黑咕隆咚苦井万丈深，那么，请问，作为一个城市青年，一个知识分子，一个狗屁作家，一个养尊处优的却又打着无产阶级先锋队的旗号的干部，就不应该受受人民的严厉教训吗？
>
> ——王蒙《半生多事》

窦文涛：那时候没这些个，但是你会不拧巴吗？因为你毕竟是个人，私心杂念一闪，会不会觉得我怎么没改造过来呢？

王蒙：这个我也有，但我除了这些以外，还有经验主义的那一面。我觉得虽然现在这么强调批判，但是过几年情况会放松，该什么样还是什么样。

许子东：没想到"反右"跟以前"三反五反"不一样？

王蒙：没想到。

"文革"是百年革命惯性延续

窦文涛：我又想起一个假命题，就是说您现在已经饱经沧桑，七十几岁了，智慧老人啊，如果再来一回，您是不是可以有一种明哲保身的态度和选择呢？

王蒙：不可能的，为什么？因为我始终认为，1949年以后连年的政治运动是革命的一个惯性。革命这玩意儿是一个加速运动，越加速度越快。你要是追寻革命的根源，也许得从清朝甚至明末开始，社会那种腐烂、不平等、阶级矛盾、民族矛盾、鸦片战争、英法联军、八国联军、西太后、李鸿章、辛亥革命……然后就加速、加速，轰轰烈烈的一场一场大革命，停得下来吗？现在掌握政权了，各位好好发展商品经济吧。谁当时敢提这个都得把他枪毙了我跟你说。

窦文涛：说这个我想起来了，有一导演跟我说，法国人现在挺和平的，他们离革命远哪，1789年大革命过去很久了。可咱们呢，革命结束没多少年，这个惯性——

王蒙 ：而且毛主席生怕大家忘了革命传统，变得只知道过日子挣钱。他觉得通过一次又一次斗争可以振奋人的革命精神，能够使人不至于庸俗化、私利化，不至于变成资产阶级。

许子东 ：但历史是这样发展的，这个不碰钱的人现在印在了所有人民币上。

窦文涛 ：您觉得人在这个庸俗化当中，是不是一种常态？

王蒙 ：人哪，是充满悖论的。一个人就像你说的这样，如果在常态当中生活的时间长，他会感到生活非常庸俗。你看契诃夫，凡是过着比较正常的小康生活的人，在他笔下都非常庸俗。《一个小公务员之死》，小地主，在家里种点醋栗树，一边品尝醋栗一边说我的生活多么幸福啊。在契诃夫看来，这人已经没希望了。

> 几千年百余年的积累、压缩、增温和变形，最后必然召唤起嗜血的天翻地覆。中国的几千年的文明史与百余年的战争史、奋斗史、失败史与革命史……准备着翻天覆地的这一页。
>
> ——王蒙

窦文涛 ：那要照您看来，今天这个时代呢？

王蒙 ：我觉得今天这个时代需要不完全相同的精神选项。比如说有的人更多地强调亲和，强调为老百姓提供更多的精神享受，这是完全可以的。有的人更多地愿意用一种深沉严肃甚至于带有挑战意味的思考来发表自己对人生、社会的各种看法，看了以后让你感到不安，让你晚上来回翻身睡不好觉，这样的人我也佩服。但是你想在今天再制造那种革命前夜的大杀大砍流血牺牲，我觉得是不可能了。

许子东：但我总觉得中国很容易搞运动。一来就是运动气氛，什么事都给你搞成运动的样子。

王蒙：这是另外的问题。

通俗高雅井水不犯河水

窦文涛：从上世纪80年代到今天为止啊，很多人会觉得今天的中国是一个最恶俗的时代，文化、生活或者为人处世，社会上的各种景象都庸俗不堪。您有这种感觉吗？

王蒙：我觉得今天这个情况是可以理解的，也是可以接受的，因为我们很长时间缺乏消费性的、享受性的、相对来说通俗性的东西。现在我们有了这些东西，能够满足不同人的要求，我觉得是可以的。至于说我们还缺少那些精英的、高尚的、最高级的，我们可以努力。我在香港跟有些老师谈这个问题，他们说这事儿井水不犯河水嘛，你高雅你的，他通俗他的，何必痛批呢？你说帕瓦罗蒂用得着去批麦当娜啊？

许子东：帕瓦罗蒂看到迈克尔·杰克逊就生气，何必呢？（笑）

王蒙：但是有时候潮流所及啊，尤其在中国，特别容易大包哄。你坚持精神探索的人，你寂寞吧，你冷落吧。

许子东：他本来就该寂寞，叱咤风云是不正常的。

王蒙：现在由于市场经济，以前憋久了，东西一放开，显得什么浮躁啊野蛮啊粗鄙啊，尽这些词儿，对这些东西批评也很正常。但是我觉得一个精英作家，他看了几个通俗作品就痛心疾首就气不过，而且影响自个儿血压，这个不正常。大学有些老师在那儿骂，说学生整天看这些个哪儿行啊，整天看网上小说那还了得。但是网上小说有网上的人看嘛，那你怎么着？

许子东：所以他是享受着以前缺乏的安全，然后在这儿痛骂庸俗，但他不知道现在的庸俗跟那时候的革命其实是有关联的。

窦文涛：像您这一代人，头脑里是不是还有特别理想主义的一面？

王蒙：我有理想主义的一面，但毕竟我七十多岁了，不能和我十四岁、二十四岁的时候相比较，我也有相对的非常现实主义的一面。中国能发展到今天这一步非常不容易，包括写一些作品，我觉得除了选择“金刚怒目”，也可以选择侃侃而笑的。

窦文涛：生命的多样性。我注意到您的书好像有一种语言快感，就是疯狂用词。

许子东：排比。

窦文涛：对，排比，大量用词。

王蒙：是有这种形式，但不是都这样。我也写过一些类似微型小说的，那里头都没有这个。有时候甚至是说一句，然后留半句。

窦文涛：您是不是觉得自己有语言天才啊？

王蒙：我并没有多么天才，我只是很喜欢语言。

> 我喜欢语言，喜欢抒情，喜欢奇想，喜欢与众不同、一鸣惊人，喜欢出其不意，喜欢给大众以冲击，喜欢大开大阖，喜欢拈花不语，含泪而笑，欲说还休，蓦桑画槐，横看成岭侧成峰，草蛇灰线，却道天凉好个秋。
>
> ——王蒙

新疆生活让我变得幽默

窦文涛：您在新疆待了多少年？

王蒙：十六年。

许子东：是自己要求去的？

王蒙：是。我参加中国文联一个活动，新疆几个地方作协的领导说，新疆怎么好怎么好。当时还有点天真，说那我去新疆吧。我当时在大学里头，现在的首都师范大学，当时叫北京师范学院，已经在那儿教现代文学了。但是我不甘心教书，老想自己创作，尤其是写小说。当时在北京也很苦闷，所以就向新疆提出来了。

窦文涛：那天我看一知青纪录片，热情汹涌地去了，真到了北大荒，一看就傻了……您没那种心情吗？真到了新疆发现生活太苦了，劳动太累了。

王蒙：乌鲁木齐应该说还是不错的一个城市，而且你要知道1963年困难时期刚过去，乌鲁木齐的食品供应比北京还好。

窦文涛：新疆吃得好啊。

王蒙：1965年我到伊犁的时候，半年在外边吃东西不要粮票。当时不要粮票连乌鲁木齐都做不到，但伊犁能做到，所以不存在生活多么苦的问题。有些不太习惯的就是冬天冰天雪地，在街上走路动不动摔跟头，但从另一面来说，也挺好玩儿的。

窦文涛：您每到一个地方，好像都跟人“自来熟”，积极地跟人沟通，甚至还学维语，您能讲两句维语吗？

王蒙：是啊，这个……（王蒙说了一句维吾尔语）。（笑）

窦文涛：怎么像朝鲜话？

王蒙对维语无时不学，无处不学。那时没有什么广播教学和教材，房东大娘的八九岁外孙女拉依赫曼，就是王蒙的“小老师”。她一遍遍不厌其烦地做示范，为王蒙校正发音和语调。王蒙每天就寝前，总要反复背诵数十个单词，他说这样记得牢。有一次他用维语大声朗诵《纪念白求恩》，竟招来一位维吾尔老太太旁听。老太太甚至说，她原以为是广播电台的维吾尔播音员在朗诵哩。

——方蕤《我的先生王蒙》

王蒙：你很敏感，维语属于阿尔泰语系。

窦文涛：朝鲜语也是阿尔泰语系？

王蒙：阿尔泰语系的重音像法语——法语不是阿尔泰语系——它的重音都在最后一个，另外它有小舌音，跟法语、德语一样，这个汉语里没有。

窦文涛：您刚才讲那句维语什么意思？

王蒙：我很喜欢新疆，新疆是我的第二故乡。

许子东：您的幽默跟在新疆的经历有关吗？

王蒙：当然也有关系啦。

许子东：我觉得《组织部新来的年轻人》一点幽默感都没有，但是后来就有这个东西了，什么道理？

王蒙：我想是不是这个人倒了两回霉以后，他会更幽默呀？这你得研究研究。

窦文涛：没错儿，我觉得从这个苦里能产生幽默——

许子东：泪尽则喜。

王蒙：这是我说的，泪尽则喜。因为你没得可哭了，你光剩下笑了。

形而下完了你才能形而上

窦文涛：你们这一代知识分子，跟以后的知识分子或者以前的相比，有什么不同呢？我老觉得我们跟你们的差距，好像在体力劳动方面很厉害。（王蒙大笑）

许子东：锻炼出来的。

窦文涛：很多人都做过木匠、当农民种过地，都有这种经历。

王蒙：有这个经历。

窦文涛：但是这事儿，现在想起来是好事呢，还是觉得冤？

王蒙：我觉得这事儿都不是一句话能说清楚的。我现在七十四岁了，大致上还算健康，我得感谢这些年的体力劳动。再一个在中国，你了解点农村情况是必要的。我认为毛泽东动辄把知识分子和干部往乡下轰，他有他的思考，不完全是为了惩罚，也不完全是为了羞辱。因为我们所说的了解国情，不是让你了解王府井的情，了解淮海路的情，更不是了解香港的情，就是让你了解这些最贫穷、最落后的农村的情。我现在感觉到，你思想再伟大，你脱离开了中国这块土地，你只能让自个儿难受，让人家也各方面难受。

窦文涛：能不能举个例子，您在农村的体验，有什么是您没想到的，或者说印象很深的？

王蒙：很简单，就是农民的世界观，他对生活的要求。我有一个很简单的总结，参加了几年劳动我就总结出来了。我说对农民来说最重要的是如何才能活着，这样一个如何才能活着的问题一下子把其他许多问题都冲淡了。

许子东：所以再回过头听新左派、老左派理论上同情工农，支持弱光在北京，哪怕在北京远郊区，更不要说在高级机关与文教单位工作上十年八年，你不可能了解国情，你不可能明晰实际，你仍然高高在上，你仍然凌空蹈虚，你仍然百无一用是书生。

——王蒙

势群体，但实际上把生活的位置放得很低，就会有一个经验上的反感：他们根本不懂穷人。

王蒙：中产以上或者知识分子，如何活着已经不成为问题了，所以他要讨论为什么活着。但是对农民来说，你甭管什么意义，你没意义也行，没意义他就饿呀，是不是？

许子东：饿就是意义。

王蒙：吃了东西以后能充饥，这个意义多大呀。

许子东：食色性也。

王蒙：冬天他冷哪，冷就要盖房子，怎么会没有意义？现在中国有一部分人判断通俗文化，把形而下当做一个贬义词——“形而下的东西”。我对形而上愿意给它三鞠躬，我对于形而下我想跪下磕个头，为什么？因为形而下完了你才能形而上，对不对？如果你温饱问题都没解决——我常常说这话，中华民族吃饱才几年啊，咱整个民族史就是饥饿史呀。为什么我现在有时候想减肥想控制食量，但又不能完全很有效地做到，就因为我这细胞里头有饥饿基因，几千年传下来的，一见到好吃的，有时候就没出息。（许子东、窦文涛大笑）

许子东：这其实是我们两代的共同点。我们是下乡知青嘛，知道人生最基本的是屁股决定脑袋——这不是一个负面词，屁股就是决定脑袋；还有就是不能轻视工农，对普通人的生活不能轻视。

王蒙 ：不能轻视那些最基本的需要。而且我有一个看法，很多伟大人物犯错误，不是在高深的理论问题，数学、自然、科学、物理、化学这些问题上；而是在最简单的问题“常识”上犯错误。

许子东 ：1958年（大跃进）就是常识错误。

王蒙 ：当年毛泽东批王明就这么说的。他说王明有什么错呀，他不知道打仗要死人吗？不知道人饿了要吃饭吗？不知道行军要走路啊？他就这三条错误。

窦文涛 ：常识问题。

阿Q不是一个贬义词

窦文涛 ：但您不怨吗？有些人可能想我蹉跎半生，就因为一些政治上的原因。

王蒙 ：我没蹉跎呀。

窦文涛 ：还不算蹉跎？

王蒙 ：我这还不错了。外国人经常问，你在新疆十六年都干什么呀？我说我是维吾尔语研究生呀，三年预科，五年本科，三年硕士，四年博士——我这是玩笑话。你说阿Q也可以，但是我告诉你，我能够走过这一段路，并不是只在那儿蹉跎；如果我那会儿只叹息、只埋怨、只喝酒，那不早就完蛋了，那就自杀算了，也算有种。咱不是没选择自杀嘛，那就要好好地活下来，这就是我的回答。不是有人对我居心不良吗？不是有人老想把我灭掉吗？（笑）你越想灭我我活得越好，我有成绩，我有作为。我觉得阿Q不是一个贬义词，中国人说“好死不如赖活着”、“能屈能伸大丈夫”等，其实这个民族就是这么过来的。你想想折腾得多厉害，跟其他民族，跟其他国家比比看；可是一旦有机会，这个民族照样非常地有力量。

窦文涛：我还是觉得您性格里头肯定有一种强悍的东西，虽然有时候也脆弱。比如在新疆农村，挺苦的吧，可是真学维吾尔语呀，跟人家维吾尔人到处聊天，自己能为自己找出乐子来，说我背《毛主席语录》都要背维语的《毛主席语录》。

王蒙：这有一个逆境生存的问题。中国人是有逆境生存经验的，包括鲁迅所说的“韧的战斗”，你不能非常脆弱。我的意思是逆境下最大的好处就是学习，因为别的事儿干不了，你就踏踏实实地学习。这也不是我一个人，比如薛暮桥，经济学家，“文化大革命”关到秦城（监狱）里去了。最后放出来的时候，他说我还有一个月那个读书笔记就完成了，我能不能再延长一个月啊？

窦文涛：（大笑）见过坐牢的，没见过——

许子东：劳动，底层，在那种环境下读书，我们两代是一样的；但是有一点不同，你们老坚持那个革命理想，我们这一代人的认同感比较少。

与历史相比我仍然算幸运者。中国历史上有多少文人才人被砍头，被腰斩，被杖毙，被车裂，被赐鸩！李白杜甫苏东坡……谁过过好日子？过不上好日子却还有好诗词留存。

——王蒙

王蒙 ：一个人少年时代和年轻时代经历的东西铸就了他的一生。这个人十八岁的时候什么样，八十岁的时候还那样，这是基本的。我们经历了旧社会，经历了中华人民共和国成立，是所谓（20世纪）50年代的青年，那种光明的心，那种信任的心……北岛有一个很著名的诗：告诉你我不相信。我们这一代人写诗呢，是告诉你我们相信。你不能说我相信是没道理的，（汶川）地震当中多少感人的故事啊，有很多理想的东西，很多人性最好的那种表现。

许子东 ：下一代的人怎么说？不相信就不相信吧，喊什么喊呢——对北岛那一代是这样看的。

窦文涛 ：我觉得像我这一代人，甚至出现了一种虚无主义，就是说我连不相信都不相信了，不关心了。

王蒙 ：但是我觉得有一点，毕竟我七十多岁和十七岁的时候不可能一样。我呢又有一个非常现实的考虑，就是说这个事儿虽然并不理想，但是比原来是好了是差了？否则你怎么办呢？人家问我为什么这么乐观？我就反问他，我不乐观怎么办，你让我干吗？你是想让我自杀想让我发疯，你给我一建议。我只有一个选择：乐观。在这块土地上，期待着，也尽我所能；每一个人的力量都非常有限，但集合起来会使这块土地上的事情越办越好。

窦文涛 ：而且乐观之后好像是一个open的姿态，您到各个国家去跟人家交朋友——

王蒙 ：我可以讨论，你也可以讨论，中国没什么事是不可以讨论的……

陈丹青

我们都活在「五四」的后果里

我们现在知道的“五四”实际上是一个非常稀薄的、被提炼出来的“五四”，就那几个人那几件事反过来倒过去在那讲。

“五四”运动也好，清末的改革开放也好，当时是为了强国；可是为了强国搭进去的代价太大了，全盘否定了中国传统文化，这里边的根子是汉字和汉语。

“五四”的人不会想到九十年以后，同样是青年，同样是文人，会变成现在这个样子。

你说今天再发动一场“五四”？第一，已经没人信了，没那个激情了；第二，还是科学与民主吗？

窦文涛 ：锵锵三人行！丹青吾兄，丹青五十兄又来了，哈哈。许老师，今天咱们三人凑到一块，为什么呢？“五四”来了。“五四”嘛，太复杂了。那天有人跟我说，现在有的大学生已经不太清楚“五四”是怎么回事了，就知道有个五四青年节。我自己想想，“五四”怎么回事儿？我发现我也糊涂了。我觉得丹青兄说的一句话很好，实际我们到今天还都活在“五四”的后果里，不说别的，就咱现在说话、写文章用的——

陈丹青 ：白话文。

窦文涛 ：“五四”那时候，文言文白话文之争啊。我就觉得奇怪，你说一种语言还真可以是几个文化人生生这么给琢磨出来，或者给斗争出来、革新出来、推广出来的。我昨天看书，周作人、鲁迅、钱玄同，在某个书屋，某一天晚上，几个人开始聊天，聊着聊着呢，开始大骂文言文，说中国为什么落后——

陈丹青 ：不不，不是他们，最早是胡适。胡适在美国就有这个意思。

许子东 ：他们在康奈尔大学，跟梅光迪几个留学生在湖上划船聊天，聊什么呢？就聊白话和文言比，哪些是文言好，哪些是白话好。有几点大家公认，做生意，白话好；写政治文章，也是白话好；但是有一样，白话永远超不过文言，就是文学。鸦片战争以后，中国人检讨我们为什么弱，检讨来检讨去，觉得我们的文字有困难。最后想出一个方法，办两种学校，一种说明了是做生意的，一般用途，教白话；还有一种学校，教文言，教写诗作文，要放今天，这种学校是没人上的，但那时候觉得这才是高档的，是好学校。将相本无种嘛，谁说我小孩将来只能做生意，不能做诗？所以梅光迪说，白话什么都好，写诗不行。胡适说，不对，白话也能写诗，“两个黄蝴蝶，双双飞上天”……

窦文涛：这是胡适写的白话诗。

许子东：是《文学改良刍议》这篇文章的来源。

中国最早的新诗《蝴蝶》

两个黄蝴蝶，双双飞上天。
不知为什么，一个忽飞还。
剩下那一个，孤单怪可怜。
也无心上天，天上太孤单。

——胡适1916年写于美国纽约

中国人革命从文学开始

窦文涛：我昨天看的可能是后面那一段，感觉有点像搞运动搞斗争，几个人还谋篇布局，搞策划。比如钱玄同化名什么王敬轩，跟刘半农在报纸上辩论，你假装代表文言文，我假装代表白话文，整天论战。然后布置鲁迅写《狂人日记》……就这样真把一个语言硬生生给弄开来。

陈丹青：这里面还有很多事儿，现在不太说了。新白话运动是胡适他们弄起来的，刘半农这些人是主将，鲁迅其实是比较晚的，他的功劳是提供了白话文小说，在创作上有了成就。但其实所谓白话文的推广和普及远远早于胡适，是谁做的呢？洋人做的，传教士。

窦文涛：欧化的东西？

陈丹青：不是。中国在19世纪末，新白话运动之前，差不多有五六十年时间，在东南沿海一带已经有了很多白话杂志、白话报纸。但是我们通常把账算在"五四"或者早一点的《新青年》，其实不是这样的。1905年废除科考，写文言一下子没出路了，文言过去的官方地位至尊地位没有了；再过几年，帝制也没有了，皇室塌了。所以白话文能够这么快出来是有原因的，不然两三千年的一个文字语言系统，你几个人十几二十年能把它扳倒？

窦文涛：实际是早有渊源。

许子东：我忘了当时是胡适还是茅盾，在北京的时候收到传教士

胡适（1891—1962），在"五四"前后，就文学革命写了许多文章，作了多次讲演，并用白话写出了中国第一部新诗集《尝试集》，对新文学运动贡献巨大。

的传单，包括反对裹小脚什么的。其中一个传单我父亲跟我说是“汉字不灭，中国必亡”，但是现在看来，是“中国可亡，汉字不灭”。（笑）

窦文涛：我那天还看了一段，这个林琴南，最早用文言文翻译西方小说的一个人，是复古派。他说你们老是把这事儿跟中国的弱、中国的落后、中国的败亡联系到一块儿，说科举是中国之大患，现在科举废了；然后又说中国之所以不行，全是文言文不好，把文言文也废了；但是都废了之后，怎么中国还是不行呢？他当时就发出过这么一个疑问。

许子东：近年来王德威写书就说，没有晚清，何来“五四”？其实当时所有现代性的这些东西，浪漫啊、救亡啊、启蒙啊，林琴南都翻译出来了，他跟梁启超两个人帮“五四”准备了现成的思想资源。学术界现在有一个贬“五四”的说法，说“五四”的东西大部分是晚清作了准备的，“五四”只是一个爆破口；但这个爆破口的确很重要，要放到全世界来看，是不可思议了，因为所有国家从传

胡适提倡文学改良的“八不主义”

一、不做“言之无物”的文字。

二、不做“无病呻吟”的文字。

三、不用典。

四、不用套语滥调。

五、不重对偶，文须废骈，诗须废律。

六、不做不合文法的文字。

七、不摹仿古人。

八、不避俗话俗字。

统社会转到现代社会，比方英国的克伦威尔、法国的大革命、德国的俾斯麦什么的，是哲学、法律或者军事在起作用，而中国的转折点是写文章——

窦文涛：中国人革命是从小说开始的，从文学开始。

许子东：要不要用典了，用不用排比了，“八不主义”嘛。当时两个人的文章，一个胡适的《文学改良刍议》，一个陈独秀的《文学革命论》，你仔细看这两篇文章，一个叫“改良”，一个叫“革命”，后来一百年的中国就在走这两条路。中国一百年的选择，其实就这两篇文章定下来了。

文言文也能承载先进思想

窦文涛：丹青兄，从你的感觉讲，文言文变成白话，好还是不好？

陈丹青：这步路是一定要走的。“五四”做的所有事情，到了那个坎儿上，是一定要走的。我们现在要检讨的是，这步路后来怎么会被劫持了，变成今天这个状况。

窦文涛：劫持？

陈丹青：我觉得是劫持，它被文化激进主义，被政治潮流，被政党意识，包括被国内外种种势力劫持了，劫到另外一条道上去了。当初“五四”几个发起人其实不是这个意思，但后来变成了这个意思。我们都在这个意思的后果里面，你明白吗？

窦文涛：我有点明白。

陈丹青：我最近看了一篇非常重要的论文，题目叫《白话文运动的危机》。作者是一个年轻人，70后，女学者。她细细地捋了一遍整个白话运动的前因后果，运用了大量资料，其中百分之七八十我都不知道，有些概念也是我以前不知道的。比方她说我们现在都在做新白话，但实际上有一个庞大的旧白话传统，差不多从宋就开始了，到明已经非常成熟了，就是那些小说，《三国（演义）》啦、《水浒（传）》啦，到清朝的《红楼梦》。

窦文涛：对啊，《红楼梦》很接近了，跟白话。

陈丹青：导出一个什么结论呢？她说“五四”一共有两个文体家，就是周氏兄弟。而这两人之所以白话好，是旧白话，根本不是新白话。再往后，张爱玲是公认的小说语言最出挑的，她的传统也是旧白话。而她受谁影响呢？张恨水。张恨水也是旧白话。甚至包括汪曾祺，当年给样板戏写剧本，我们这代人倒背如流啊，什么胡传魁阿庆嫂的对话，杨子荣座山雕的对话，都是旧白话，不是新白话。第二个她说的很有意思，说新白话运动起来以后，很快就被另外两个势力劫持了，一个是“民粹主义”，一个叫“权力崇拜”。当初胡适提出白话文是为大众的，但“大众”很快变成一个意识形态词语，后来进一步变成你是革命的不革命的还是反革命的，就看你和“大众”结合不结合。而结合的标志是你话一出口，文章一写，用的是白话还是文言。他们一直攻击文言，说文言是腐朽的、反动的，是不能载道的。她举了两三个很有力的例子，一个是章太炎，研究小学的，鲁迅他们的老师，最革命的一个人，非常地激进，可他是用文言来宣布他所有的革命理论；还有一个就是“梁体”，梁启超文体，她说直到今天港台海外的政论文章还是“梁体”的语序，这非常对啊。再有就是刚才说的林琴南，林琴南实际上一开始鲁迅大周作人四岁。两人相继留学日本，回国后一起从事文学创作，是五四新文化运动中的先锋健将。

就把单子全开出来了，可是在白话文运动里，他是他们的敌人。

窦文涛：对，跟他们论战。

陈丹青：所以说文言根本不是像他们说的那样，不能够承载先进思想，不能够发起革命运动。NO！文言非常有力量，那种铿锵有力的文章，你用白话去写，根本没那个效果。

现代文化是水泥地上长草

陈丹青：我刚说的那篇论文厉害在哪儿？它是从“基本单位”开始来算这笔账的。所谓“基本单位”就是我们开口说的话，我们下笔写的文章；结论是，你要谈这一百年来的所谓学术所谓思想，其实你还没有到能谈的地步，为什么？因为我们的文字不行了，文言已经被打倒了，可是新白话从来没有成熟过。

窦文涛：到现在也没有成熟吗？

陈丹青：这篇论文的作者认为没有成熟，我同意这个观点。

许子东：有个德国人顾彬，用德文写了一本《中国20世纪文学史》，其中有一个观点说，周氏兄弟这种文字在新一代作家里面是看不到的。

解放后，三十年左右几乎没有纯正的小说，八十年代才出一大批新作家，总算在文学断层这一端长出不少苗，但早期作品那种幼稚、贫薄、先天不足，和民国才子没办法比较，更难和鲁迅项背而望。

——陈丹青《荒废集》

陈丹青：他的论点我相信在中国会引起公愤，他就一句话：中国当代作家语言太差！这是不得了的事情，你想想看，一个国家一百年里的新文学，你可以说他写得不好、境界不高、主题不够深……但是你说他语言不好，这什么意思？

许子东：我们前不久开会还讨论，这么说也不公平。现代这些作家我们都认识啊，很出色的有王蒙、余华、莫言、王安忆这些人，你要求这些人写出来的东西像张爱玲、周作人、鲁迅，那是不可能的。因为他们是在一个完全不同的，是在插队、“文革”这样的情况下写作的。

陈丹青：但是为什么会有“文革”？

许子东：这个以后再谈，但是现在我要替他们辩护。

窦文涛：我有点恍惚了，你们的意思是今天我们写文章用的这个语言不大好，是吗？

陈丹青：不是不大好，是跟中国汉语传统中断、割裂，它当中夹杂着大量欧化词，这个没错，日本也是这样。它开始注音或拼音，现在电脑上普及，小学教学全都普及，这也没问题。问题是语言的品质，语言的知识背景，语言和传统的关系从此断掉了。这些年我们老是讲国学，什么先秦诸子的文章要读，实际上我们伤就伤在我们可以翻回去读那些文本，但是我们的思维习惯、我们的书面表达已经完全不是那一套了。

许子东：关键是最早提倡白话文并且亲身实践的这些“五四”作家，他们自己是靠旧学根底起来的，包括最激进的像茅盾这些被批评为欧化文体的作家，都是小时候读了很多旧学的东西；而后面出来的人没时间读以前的东西，也完全不需要了——科举的路断了，文言没必要读了，读这个东西没有好处。（20世纪）30年代瞿秋白、茅盾讨论这些问题，认为一条出路是大众化，走民间道路。后来毛泽东在延安提的东西，一度也被认为是一种希望。你要正视一个现实，1949年以前我们有四亿人口，其中识字的人最保守的估计是百分之十；换句话说，只有四五千万人识字，而新文学的读者最多几十万上百万，一本书印个两千就算畅销的了。

窦文涛：跟全国人民相比是一小撮儿啊。

许子东：所以虽然它（新白话运动）主导了社会发展的方向，变成了主流意识形态，尤其是经过后来不断的描述，成了历史发展的趋势。可是它当时只在百分之十的人里面发生影响，十个里边只有一个。看巴金小说就知道，当时读《新青年》是大逆不道的，只有很少数的人读，大部分人读的还是鸳鸯蝴蝶派。而这些东西1949年以后因为政治原因被隔断了，被革命的东西取代了。所谓的“新白话”其实一直没有找到文学的支撑。

窦文涛：哦，我明白了，怪不得有人说，现在的中国文化叫水泥地上长草，断了渊源。

中文的传统被放逐了

许子东：我小时候看鲁迅的文章，说青年人应该读什么？多看外国书，少看中国书。他对中国书有这样的成见，我很开心。可我爸爸把我骂了一顿，说人家读了多少古书才可以说这句话。看当代几个大家比较称赞的作家，包括阿城、贾平凹，用得比较多的还是旧式白话。

陈丹青：是笔记小说，从《水浒（传）》这个传统过来的。

许子东：像汪曾祺，再往上张爱玲、张恨水，都是。当代作家没法像周氏兄弟那样写东西，但是也不能怪这些作家，因为这些作家也很愤怒。最近王蒙讲起这个事，引用余华的话说，不就是因为那些人死了嘛，我们不死是没法得到地位的；意思是他们的写作不可能回到过去那样。把这个问题放大来看，我突然产生了一个更大的疑惑，到底我们写中文的人现在是掉到了一个沟里，还是到了一个海里？假如我们在平原上走，把现在的白话文看做是中文的一个歧途、一个断裂，那就等于掉到了沟里，总有一天还会重回平原；但是如果我们过去是在陆地上走，现在到了海上，forget，永远回不到那个时代了。

窦文涛：丹青兄怎么解？

许子东：沟里还是海里？

陈丹青：我好像觉得是在海里，被放逐了，回不去了。还是回到《白话文运动的危机》这篇论文，它提到一个其他国家没有的现象，就是废除文言，铁定要用白话文，这是国民政府用政府行为完成的；而解放以后1956年推行简体字也是由政府完成的。两届政府都是用国家的力量来推行这个事，用法律规定什么语言可以用什么语言不可以用，这个非常厉害。

窦文涛：本来我觉得语言好像是一个挺自然的现象嘛，有它自己蔓延、生成、发展的规律。最近一个人大代表提出来，说我们这个简体字有问题，搞简体字断裂了中华文化。我看到朱大可一篇文章说，繁体字奥妙无穷，里面含有很多中华民族文明的密码，比如国家的“国”字，里面原来是个“或”，圈起来是一个国家，但你现在把里面变成一个“玉”字，未知其可也。有人就提提案，说我们能不能用十年时间再把繁体字恢复回来。你怎么看?

陈丹青：我要看下去。因为能够在《南方周末》用整版来讨论繁简体字的问题，它是一个信号；这个信号实际上跟这些年的趋势是一致的，就是我们在越来越西化和现代化的过程中，现在可能是翻过头去想的时候了。上百年以前，五四运动也好，清末的改革开放也好，当时是为了强国；可是为了强国搭进去的代价太大了，全盘否定了中国传统文化，这里边的根子是汉字和汉语。比方繁体字，每一个繁体字后面是一组讯息，是一个非常完整的意义链；当你不懂这个繁体字，不会用这个繁体字，你丧失的东西其实比知道的要多得多。这就是为什么我们现在的文本非常贫乏、非常单面、非常表面，文字的回旋余地没有了。

许子东：我觉得应该用“双轨制”，因为白话文也好，简体字也好，背后一个驱动力是富国强兵，我们得争世界民族之林的地位。那时候检讨为什么伊藤博文跟严复两人去了欧洲，严复回来弄了本书，而伊藤博文就搞成了明治维新？中国人当时把文字看做是我们恢复使用繁体字原因有三：

1.上世纪50年代简化汉字时太粗糙，违背了汉字的艺术和科学性。比如“爱”字，繁体字里有个“心”，简化后，造成“无心之爱”。

2.以前说繁体字太繁琐，难学难写，不利于传播，但是现在很多人都是用电脑输入，再繁琐的字打起来也一样。

3.恢复使用繁体字有利于两岸统一。

——《南方周末》

贫弱的一个重要原因。我在海外有教中文的经验，在美国教中文，他们开始都是学繁体字，因为觉得台湾的制度他们比较喜欢，可是没多久都转向简体字，为什么？简体字作为使用来说毕竟比较容易。所以我觉得简体字现在要废的话，也不太合理。

儒生人格面对大历史

窦文涛：我再把话题拉回到“五四”。今天好多文化人谈“五四”，好像功也是“五四”，过也是“五四”，全社会都说中国现在这个样子是“五四”开始的，朱学勤甚至说“文革”都跟“五四”有关系。

陈丹青：很多人这么认为，有道理的。

窦文涛：为什么？

陈丹青：一个是权力崇拜，一个是民粹主义，还有历史虚无主义、文化激进主义、破旧立新不破不立，这些观点实际上都是“五四”起来的，它的逻辑最后会发生“文革”。

许子东：在各种各样批评“五四”的声音里，最极端的就是这种，最典型的代表人物还不是朱学勤，是余英时。他认为“文革”摧毁了中国人最基本的民间伦理秩序，而这种摧毁要上溯到“五四”。另外一个批评者是林毓生，也是海外有名的汉学家。他的批评特别有意思，他说“五四”表面上是激烈地反传统，打倒“孔家店”；其实“五四”的代表人物，鲁迅也好，胡适也好，陈独秀也好，都是希望从思想文化层面来解决社会政治问题，而用思想文化解决社会问题，恰恰是儒家的传统。所以他们表面上激进反传统，其实恰恰是中国传统的延续。

> 什么是五四精神？那是一种中国知识分子特有的入世使命感。这种使命感是直接上承儒家思想所呈现“先天下之忧而忧，后天下之乐而乐”与“家事国事天下事，事事关心”的精神的，它与旧俄沙皇时代的读书人与国家权威与制度发生深切“疏离感”，因而产生的知识阶级激进精神，以及与西方社会以“政教分离”为背景而发展出来的近代西方知识分子的风格是有很大出入的。
>
> ——林毓生《中国意识的危机》

窦文涛：说到这个激进啊，我就感觉当时是不是人们都有这暴脾气，急！我记得严复跟康有为有段对话，严复大概意思是说，现在的中国民智之下劣、民心之愚昧、民品之卑劣得从教育入手改变，慢慢来。但康有为答了一句“俟河之清，人寿几何”，要是等着河水都清了，得等到什么时候？人一辈子有多少岁？意思是来不及了，现在帝国主义都等着瓜分我国，得赶快。是不是当时的人们有一种心理上的焦灼感，觉着我们怎么就快完蛋了呢？得赶快改变点什么。

陈丹青 ：所以谈“五四”要非常同情地去谈。一方面我非常不信任我被告知的“五四”，但同时我又非常想回到那个语境里去。你想当时忽然说东北已经是别人的了，忽然说山东也要算别人的，然后广州那边又怎么样，大家都会着急。我们这几代人都是在和平环境中生长的，根本没有“丧权辱国”的体会。可是那会儿的人，这个概念非常强，民族自尊心非常强。而且民粹主义当时是一股世界范围的潮流，从德国到斯拉夫地区，然后到日本、印度一路传过来，二战以前是所有我们现在叫“第三世界”国家的一个共同焦虑。中国在这个焦虑里面恐怕是最极端的，是反对自己传统最极端的一个国家。但是照林毓生那个说法，他们还是儒生人格在面对这些大历史。

许子东 ：鲁迅发现最重要的是改造国民性，到今天为止还是这样。思想、教育、意识形态变成了改变国家的动力，这其实不是康德的传统，不是卢梭的传统，不是任何西方传统。

陈丹青 ：更不是英国的传统。

许子东 ：不是他们的民主、科学、德先生、赛先生，恰恰是我们儒家一贯的传统。而当时出现的代表人物口号又是反儒家的，这就非常有意思。叔本华讲过一句话，历史以不同面目出现，但背后总有不变的东西，你要是看不到这个不变的东西，那你对它任何一个变化的形式也都认识不清楚。要说回到“五四”现场，我们有个同行前些年作了努力——北大中文系的陈平原教授，带着他的学生，找足了资料，从北大的西斋饭厅出发，按照当时五月一号发生什么事，二号发生什么事，三号发生什么事，怎么走出校园，怎么去游行，实地一路体验，北京电视台还跟着拍。这一路上学生就问了很多问题，说当时陈独秀被抓是怎么个态度？现在的老师，说实话，上个（电视）节目都哆哆嗦嗦的，对不对？还有经过（天安门）广场时，正好开“两会”，警察就把他们拦下来，说这帮人干什么呢？然后出示党委证明啊，说我们是——

陈丹青：怀旧之旅，哈哈哈。

许子东：总算放行。他们也体会到当初军警是怎么个气氛，然后又到了东交民巷，到了赵家楼，谁点火的——

陈丹青：谁翻墙的。（笑）

许子东：当时的总指挥是傅斯年，后来是台湾“中央研究院”院长，我们认为是自由派知识分子，资产阶级的代表人物，可他当时是学生总指挥。最叫大家惊讶的是，这一路考察回来以后，他们听新闻，说我们今天有什么钓鱼岛问题，还在跟日本争这些地方……这个东西没有变过啊！

青年崇拜与百年幼稚病

窦文涛：丹青兄提到一个词“青年崇拜”。“五四”都是新青年啊，毛泽东在长沙都看他们的杂志。我记得后来胡适在台湾讲过一次话，说老头儿、老学者往往有一毛病，就是谄媚青年、讨好青年。那意思是说，我胡适是不谄媚青年的。

许子东：他是在暗骂鲁迅，这个话。

陈丹青：青年崇拜也是情有可原。我相信大概从梁启超的《少年中国》就开始了，当时所有激进的知识分子都认为中国老旧、顽固，没希望了，希望在年轻人那里。第一炮最响的就是五四运动，以后“一二·九”学生运动、“三·一八”什么的，不断的学生运动。当一个国家发生大的问题，到了一个大的歧路，要作一个决定，要有人出来的时候，都是学生在那儿，十几二十来岁的小青年。

许子东：这跟以前不一样，以前也有知识分子救国，都是太学生啊，死谏啊，给皇帝上书。皇帝用了，你改变国策；不用，你杀头青史留名；一直到“公车上书”都是。五月四号那天开创了一个先例，这跟当时的教育制度有关。学生走上街头，走上广场，诉诸公众舆论，接下来是上海罢课、罢市，最后北洋政府没敢在“二十一条”上签字，政府作出了妥协。而且当时学生清醒到什么程度呢？五月二十几号罗家伦就写了一篇文章，叫《“五四运动”的精神》，自己给自己命名成五四运动，这是第一次出现五四运动这个字眼，才过去不到一个月。以后每一次运动，包括几个青年在卧室里办文学杂志，红卫兵成立什么战斗组，大家的历史意识都是很清醒的：我们在创造历史。

窦文涛：青年创造历史，所以历史总是向着青年。

陈丹青：所以有一个百年幼稚病在那儿，一直是幼稚的，一直是未

> 五四运动的价值，并不仅在于“外争国权，内除国贼”的口号，而在于关于中国民族存亡的三种真精神：其一是“学生牺牲的精神”，其二是“社会制裁的精神”，其三是“民族自决的精神”。
>
> ——罗家伦《五四运动的精神》

完成的，一直是急躁的、极端的。

许子东：青年崇拜是进化论，“五四”讲的民主、科学到现在都没有在中国真正扎根。很多人理解民主就是“为民做主”，我——为民做主，对吧？“以民为本”，主体也不在民啊。科学呢，很多时候是把它当做一个具体的工具，或者变成了某种崇拜，而不是真的怀疑的科学精神。但是有一个东西从“五四”甚至“五四”之前就开始了，以前中国人的脸是向着过去的，三皇五帝是最好的，先人前人是最好的；但是“五四”以后，脸转过来了，先锋前锋是向着未来的，是最好的。以前是“三十年河东，三十年河西”，循环史观；现在是直线向前，崇拜什么呢？前进、进步、先进，现代化。既然是直线型的，当然新的比旧的好，年轻的比老年的好，未来比今天好。

窦文涛：不过现在也有人想掉脸，就说简繁体字吧，有人说要是简体字再这么下去，再过几代可能就彻底没有繁体字了。能掉回来吗？

陈丹青：子东刚才说得非常对，就是“双轨制”。那篇论文也提到“双轨制”，旧白话从宋开始铺开，在文人当中有六七百年历史；从明朝开始，白话就跟文言相安无事，不同的文体用不同语言，不同的身份用不同文本。但是五四运动的新白话最后把文言全部废掉，而且禁忌掉了。它的后果就是到了这一代，不会念文言了，要看注释，而现在注释文言的人本身文言就有问题。我觉得能不能把文言这一课补上来，把繁体字这一课补上来，然后大家相安无事。

许子东：中文系的学生应该学繁体字。

陈丹青：我就说英语考试，废除是不可能的，但是在人文艺术学科，你加强汉语教育——所谓汉语教育就是你会点断，会读古文，会背先秦的东西，甚至能够写几句，繁体字能懂。

窦文涛：你的意思，比如你的书是不是也印个繁体字版本？

许子东：假如愿意牺牲销量的话。王元化就出过繁体字书。

陈丹青：木心先生二十年左右都下不了决心在大陆出书，他就不习惯自己的书变成简体字。

窦文涛：哦，有这么一个洁癖。

许子东：其实现在也是实行“双轨制”。比如上海那个卢浦大桥，上面题的字就是繁体字，看着舒服。这不就“双轨制”嘛，现在只是要把这个扩大一点而已。

窦文涛：其实现在电脑的使用提供了一个契机，繁体字写着没那么复杂了嘛。

许子东：对，你可以写简体字，然后“啪”一转，变成繁体。

“五四”一大动因是自由婚恋

窦文涛：我觉得“五四”啊，它是个什么味道——你看历史上很多运动，比如法国大革命，你能想象它有一个味道；我觉得一说起“五四”，好像就得慷慨激昂、怒发冲冠。

许子东：你没有一条围巾，要有一条围巾，我可以帮你示范。

窦文涛：我还得有一个长衫。

许子东：这么“啪”一甩，一定得这样一下，丹青这个衣服再加一围巾，就是“五四”。（笑）

窦文涛：我感觉旁边还得有一美女跟着我上刑场。（大笑）丹青兄跟我讲，其实“五四”也是好玩的。

陈丹青：是，很好玩。我其实不愿意讲那是“五四”，应该讲是清末民初那一段，那是中国历史上特别有意思的一段。元气淋漓，出来的人各色各样都有，有烈士型的，有风流型的，有投机型的。

窦文涛：风流型的，先跟我说说。

陈丹青：风流型太多了，前不久《南方周末》登了瞿秋白和沈定一[1]的儿媳妇——

窦文涛：啊？

陈丹青：瞿秋白爱上了他的学生杨之华，杨之华是沈定一的儿媳妇。沈定一的儿子沈剑龙说，无所谓，你拿走。然后连着在报纸上一天登三个启事，一个是沈剑龙与杨之华从此脱离关系，一个是瞿秋白和杨之华结为夫妇，还有一条“瞿秋白与沈剑龙结为好友”。徐悲鸿也是啊，徐悲鸿那时候跟蒋碧薇私奔，蒋家还做了一具棺材，说闺女死了对外可以交代，女儿怎么忽然没了。（窦文涛大笑）“五四”前后中国大地上充满了私奔事件，早年私奔到日本，私奔到英国，最后私奔到延安，好歹也私奔到国内某个地方。多少革命青年其实是为了逃婚。

[1] 沈定一，1883 年生于浙江萧山县衙前镇，家境富裕，其父有进士功名。早年参与中国共产党的创建，后加入国民党，曾任浙江省议长。1928 年 8 月在衙前汽车站遇刺身亡。

瞿秋白与杨之华婚后合影。据说瞿杨结婚当天，颇有点嬉皮士作风的沈剑龙还送上一幅自己剃光头、穿袈裟、手捧鲜花的照片，上书“鲜花献佛”四个字，表达对瞿杨爱情的祝福。

> 秋白给我的印象是文质彬彬，说话斯文，十分有礼貌。他们到家后，立即派人把沈剑龙请来，三个人关在房间里谈了差不多一整夜。临别时，我看他们说话都心平气和，十分冷静，猜想姐姐与沈剑龙离婚和秋白结婚的事已经达成协议。
>
> ——杨之英《纪念我的姐姐杨之华》

窦文涛：哎呦，有老人跟我讲啊，那时候很多人就是去私奔的，向往共产党是要自由恋爱，不接受包办婚姻，是为了这个。

许子东：萧红第一次逃婚，跟她表哥跑到北京，后来家里人逼她回去。回去以后又跟她未婚夫在一起，那男的也真够阴的，把她带到哈尔滨一个公园的什么地方——旅馆里欠了很多钱嘛，说你晒个太阳，一会儿我就来，结果跑掉了，失踪了；然后萧红就大着个肚子回到旅馆。我现在还问我们的女生，假如你碰到这种情况，大着肚子，欠着旅馆的钱，你怎么办？学生都想不出来方法。萧红呢，报上登一文章，讲自己的处境，结果一大堆男的要去救她，萧军就离了婚来救她。萧红两次都是怀着孕跟新男朋友“拍拖”，第二次也是去延安的路上，怀着萧军的孩子，跟端木蕻良走了。你看在“五四”精神感染下的女性，谈恋爱多厉害！

陈丹青 ：“五四”时期，英雄美女，才子佳人，空前密集。刚才那个杨之华和瞿秋白是一对；徐志摩就不用说了，跟陆小曼；徐悲鸿跟蒋碧薇；鲁迅和许广平；现在出来胡适跟韦莲斯，还有国内一位女朋友。我还在《万象》上看过被枪毙的邵飘萍，他一生跟三个女人的缘分，都是在流放当中或者刚出狱时，（这些女人）都许身给他。“五四”运动的一大动因其实跟科学民主没有关系，跟自由恋爱自由婚姻有关系。巴金那个《家》《春》《秋》为什么有那么多反响？多少青年全是这个问题。“五四”把媒约婚姻结束了，那会儿多少从乡下走出来的文人都有一个小脚太太在家里，此后别的故事就发生了，数不完。还有梁思成和林徽因，到现在你也找不出这么一对教授夫妇，那真是郎才女貌、女才郎貌，全都有。

窦文涛 ：没错儿。那时候泰戈尔访华，一时之盛事嘛，林徽因当翻译，徐志摩也陪着。林徽因那么漂亮，风华绝代，一旁的徐志摩“郊寒岛瘦”，站在一起。我听李敖讲过一句话，他说我已七十多岁了吧，我这个“老眼”看今天这个时代，我跟你们讲，实在不足观。那意思就是瞧不上今天的人物。

陈丹青 ：老眼不足观。

窦文涛 ：我理解他这话什么意思，比如中国魏晋南北朝的时候，有品藻人物的传统，什么阮籍、嵇康，都是风流绝代。

陈丹青：玉树临风，轩轩侠举。

窦文涛：对，都是那种词。看当年“五四”人物，今天很多人也有这个感慨。先说学问，出了多少大家啊，像丹青兄画的什么清华国学研究院，王国维、梁启超、赵元任、陈寅恪，都是学贯中西，感觉懂一百多国语文那种。

许子东：一百多国没有吧，你把全清华的人加在一起了吧。（笑）

窦文涛：而且你说人家的为人，不是自由恋爱，就是抱石头沉了昆明湖。（笑）那时候这些人物确实给人感觉“集一时之盛”。怎么就在清末民初出现了那么多有风采的人？

陈丹青：要壮烈有壮烈，要风流有风流，要学问有学问，要传奇有传奇。

许子东：真是。

窦文涛：甚至我想起《水浒传》开头说的，这家伙，到了一个时候“天罡地煞”就现世了……今天呢？

许子东：今天，那是最好的时代，也是最坏的时代。你们只看到他们风流倜傥的一面，没看到他们憋得慌的一面。徐志摩在剑桥甘愿做一条水草，林徽因照样不理他，知道你文人不靠谱。鲁迅跟许广平，大家知道《两地书》，可是你想想鲁迅跟朱安，那不得了啊——

窦文涛：朱安是他的原配妻子。

许子东：“五四”作家虽然有向往民主自由的一面，可是他们对传统非常妥协。为什么他们都不满原来家里原配的那个，但还会回去成亲呢？就是因为他们的父亲都早逝。基本上“五四”作家的父亲为了他们将来成作家，十岁前都去了（陈丹青、窦文涛笑），去了以后妈妈都是启蒙老师，这些作家无一不听妈妈的话，郁达夫也好，鲁迅也好，茅盾也好，老婆都是妈妈指定的，回去一定得完婚。

陈丹青：现在阜成门外鲁迅故居还有一口箱子在那儿放着。据说是当年鲁迅跟朱安住一个院子，平常不说话，但是每天换洗的袜子什么的，就往这个箱子里一放，朱安打开一看，有新的脏衣服要洗了。

窦文涛：好家伙，把朱安当洗衣机了。

陈丹青：就这么着，我尽礼，我不走，对吧？但是我也不跟你讲话，跟你没感情。他说这是我母亲给我的礼物。

许子东：你说鲁迅奇也奇在这里，结婚了，概念上就是不接受。人家问他，她是你太太？他说她不是我太太，是我妈妈的媳妇。鲁迅专家考证，据说他们就真的一直不同房，一直憋到四十多岁。

窦文涛：那他为什么不让人家朱安解放了呢？

许子东：他想解除婚约啊，他妈妈跟他说，你想要人家死啊，你把人家休了，人家就死路一条。

陈丹青：没脸嘛，人家怎么回去？没有退路了。还有一个例子，你看胡兰成的《今生今世》，我简直觉得有人类学的价值。他详细写了当初跟他第一个太太玉凤怎么见面，带到村子里去，然后他从楼下走过，楼上玉凤几个小姑娘都看了，说今儿小孩是来说亲的……然后娶过来，怎么过的第一夜，特别有意思。其实那会儿少年人根本不懂这些事儿，一天累下来了，大张宴席地弄完以后，房门一关，两个人这个睡一头，那个睡一头，很快就睡着了。过去我一直想知道媒约婚姻到底怎么回事，我们只听说悲剧的那一面，可是他

> 婚后玉凤说，那回她倒是把我看得清清楚楚，即我跟大哥哥从屋后又回到客堂间时，她在楼上看我走过廊下，穿的茄色纺绸裤，白洋布短衫，心里只觉得是好的。千万年里千万人之中，只有这个少年便是他，只有这个女子便是她，竟是不可以选择的，所以夫妻是姻缘。
>
> ——胡兰成《今生今世》

说的既不是悲剧也不是喜剧，就是很朴素，俩小孩儿睡着了。

许子东：再给一个细节，郭沫若洞房花烛夜，那个张琼华比他大两岁，郭沫若一揭红盖头，惊呼一声“母猴”！（窦文涛、陈丹青大笑）

窦文涛：胡兰成呢？

陈丹青：玉凤很年轻就去世了，照他自己的说法，他一辈子的眼泪都给了玉凤。那一段写得真是特别好，他出去借钱治病，回来路上说玉凤已经死了；死了以后他不回家，又返回去借钱买棺材，回去的路上在一个路亭休息——江南很多山里面有这种亭子。他说我那会儿我真不懂事，居然丧事临头在那儿眉飞色舞跟人说，我这棺材选得好啊，什么木头，价钱怎么好——一个穷青年落难时候的那种感觉。他在《山河岁月》里写“五四”那一段，你去看看，写得非常好，他写“五四”的质感，“五四”的味道，那种气味。

窦文涛：什么气味？

陈丹青：他说那会儿被子闻闻都是香的，乡下出来的青年，跟乡下的女人告别，然后到城里念书，后来也就杀头了，干革命了，变成乱党了或者怎么样，这里边都有一种清贞，“志气清坚”——这是他自己的词。我都能感觉到，因为我家里有一半亲戚在浙江，我小时候看到浙江的青年也爱长衫，也爱把围巾这么一弄，只是不是

“五四”那个时代了，可是讲话非常有礼貌，刚烈，做事敢担当。“五四”的青年说走就走掉的，说干什么事儿他真去干，说暗杀就暗杀，说造反就造反，说读书就读书。

今天的人没有热血去“信”了

窦文涛：你说那时候的人刚烈，我就记起胡适说他上过一个中国公学，因为这个学校老办不成，有志办学的人就跳水自杀，说我要唤醒国人办学校办教育。这事儿今天的人很难理解，至于吗？再说章太炎，清政府伙同巡捕房的人来抓他们，小年轻邹容跑了，章太炎挺身而出，说“抓我吧，好汉做事好汉当”。进了监狱之后，他还给邹容小友写了一首诗，那意思说别跑，回来受难。结果邹容看到之后，还真就回来了，坐牢！

陈丹青：还有谭嗣同。我后来看《走向共和》，它给了我一个感性认识，就是谭嗣同当时在军机处上班——军机处的房子现在还在，其实就是国家的军事官员，等于现在我军参谋部的一个人。可是他呢，多壮烈！他说改革总要流血，那我做流血的第一个人。

窦文涛：而且这些人出身都还是士绅家族、贵族子弟，谭嗣同是清末“四公子”之一啊。

许子东：关键是那代人他真信那些东西，他们强烈地信，不管民主也好，自由也好，他们信！因为他们信了这个，所以就不信原来那些礼教、伦理、裹小脚、辫子什么的。而且他们不仅是道理上信，还相信他们做的这个事情会使得他们信的东西得以实现。今天的人呢，第一，“信”就已经成问题了；第二，我知道这个东西是很好，可是我做任何事情都不会帮助它成功，已经没有热血去信了。

陈丹青：问题就来了，为什么今天的人他们不信？为什么再也没有“五四”人的那种——

许子东：因为他们发现他们是不可能（改变）的。

> 很好，最近二十年，孩子们学乖了。什么都可以做：跳舞、唱歌、吸毒、堕胎、考试、升学、赚钱……都没关系，都很好，但千万不要救中国，千万别去闹革命。是的，是你们，在座的孩子们，总算被迫或者主动摆脱了九十年来救国与被救的轮回，人人做个乖孩子，学会顾自己。这是新文化运动的大讽刺、大失落：“国家兴亡，匹夫有责”的伟大寓言，被孩子们彻底看穿了、抛弃了。
>
> ——陈丹青《文学与拯救》

陈丹青：这就是我们面临的“五四”的后果，至少是一部分后果。“五四”的人不会想到九十年以后，同样是青年，同样是文人，会变成现在这个样子。我觉得我没有理由谴责今天的人没有理想不敢担当，或者怎么畏缩怎么犬儒怎么世俗，因为我们几代人承受了一个“五四”带给我们的后果。

窦文涛：文化激进主义。

陈丹青：我们没有回到“五四”的起点。你说今天再发动一场“五四”？第一，已经没人信了，没那个激情了；第二，还是科学与民主吗？

窦文涛：现在不是有些愤青反日什么的，他们算吗？

许子东：表面上看那是很像的，还是针对日本，还是批评我们现在有些软弱，对不对？表面上很像——

陈丹青：不能比啦，跟那会儿那股气不能比。那会儿有担当啊，那会儿是自发的。现在都是怎么去的，大家都知道；怎么去烧诗经，扔鸡蛋，游行，游完了又怎么样？跟那会儿不可同日而语。

窦文涛：哎哟，我记得有一个烈士，叫什么名儿我忘了。好家伙，那时候他知道清朝的酷刑，要千刀万剐的，他去刺杀那个巡抚都督，完了之后被人把心肝剖出来煮了吃了。

陈丹青：徐锡麟。

窦文涛：对，徐锡麟。他明知道这样，还去刺杀。

徐锡麟（1873—1907），绍兴人，安徽巡警学堂堂长。1907年7月6日，徐锡麟乘学堂举行毕业典礼时，用短枪击毙安徽巡抚恩铭。当晚被害，终年34岁。

陈丹青：徐锡麟是体制里的，等于当时清军里的中层干部。

窦文涛：中层干部啊？（笑）

陈丹青：对，亲自去作暗杀计划。还有汪精卫年轻的时候，“引颈成一快，何负少年头”。

窦文涛：汪精卫老婆叫什么来着？陈璧君吧。我那天听一故事，说本来俩人就是革命同志，不谈恋爱的，但是汪精卫明天要去行刺，陈璧君仗义，行！今晚上咱们睡一回，送你去壮烈——

许子东 ：革命女性！（笑）

窦文涛 ：我不知道为什么，怎么现在我感觉啊越活越胆小了，就像你说的犬儒；我不知道犬儒什么意思，但我觉得我就很犬儒，就想着收敛起来，偷偷摸摸的，不要暴露你的个性。

许子东 ：也许现在就叫盛世。那个时候乱世啊，乱世出英雄，盛世大家就做——

窦文涛 ：狗熊嘛，嘿嘿。

许子东 ：不是，是做幸福的老百姓嘛。（笑）

第一个被劫持的“五四”人物

许子东 ：刚才讲“五四”好多人，都是一个太太在家里，外面再另找个爱人。胡适其实也是，现在他们考证出来，说他爱上了当初结婚的伴娘，一个叫曹诚英的女的，结果江冬秀拿一菜刀威胁他，后来就算了。最近余英时又考证出他跟美国一个女子通信很多，这个美国女子是他老师的夫人，杜威夫人。

窦文涛 ：啊？

许子东 ：是胡适喜欢她在前，杜威娶这个女士在后，所以是杜威娶了胡适的某一个情人。

窦文涛 ：杜威的“实用主义”就看出来了。（笑）

陈丹青 ：变师母了。

窦文涛 ：他们说胡适早段跟后段也有点不一样，最初胡适主张要争个人自由，你先不要管国家自不自由，先要有个人自由，因为一个国家不可能在一帮奴才手下——

陈丹青 ：我跟你说，胡适就是“五四”第一个被劫持的人。

窦文涛 ：劫持？

> 胡适的知识背景是英美那一套，后来又与国民政府合作，所以他的革命性全部不算，变成反动派；陈独秀因为二十年代末不服苏联的管制，既被共产国际抛弃，又被中共党内打击，所以他的革命性也不算，连创建共产党的功劳也不算。
>
> ——陈丹青《民国的文人》

陈丹青 ：白话文运动就是啊，还有自由主义……我这里讲个小故事很有意思，就是傅斯年和胡适的关系。胡适1917年到北大任教的时候，才二十七岁。当时顾颉刚在他班上，大概二十岁还是二十一岁。傅斯年比顾颉刚大一两岁，教授都很喜欢傅斯年，一个才子。顾就去问傅，说我们哲学系来了一个年轻教授，刚从美国回来的，我们要把他扳倒——他们此前有过例子，有个哥们儿讲史前史什么的讲得不好，居然就真扳倒了。

窦文涛 ：是吗？还搞学校内部斗争呢？

陈丹青 ：对，当时的师生关系是这样子，二十几岁的学生会来挑教授，看你怎么着，不行就条子递上去，把你问倒，然后跟学校汇报说这人可以走，有这样的事情。结果傅斯年去旁听了胡适的一堂课，听完以后跟底下这帮哥们儿说，慢一步，这个人有道理，学问未必那么多，但是他有新方法。后来他就转到胡适门下了，胡适十

傅斯年任北大校长时与蒋介石合影
傅斯年（1896—1950年），历史学家，曾任北京大学代理校长、台湾大学校长。五四运动爆发时，担任游行总指挥，风云一时。后因受胡适思想影响，反对“过急”运动，不久退出学运，回到书斋。

多年以后还专门在北大一个纪念会上说，傅斯年当时做了这么一件事情，才让我在北大站稳脚跟。

许子东：胡适当时在杜威那里考试没过关，哥伦比亚大学的考试没过关，所以胡博士是假的。后来在中国出了大名以后，才给他名誉博士。当时顾颉刚他们事先策划好了，说他用英文写什么中国哲学史大纲，这不是胡闹嘛，蔡元培还给他聘书！结果傅斯年来了以后，一听胡适的课，按我们广东话说“有料，有料”，因为他提供了一个新的思路，后来这些人还真的拜到他门下了。

窦文涛：我昨天还看了一段顾颉刚跟章太炎的事，反映那个时候留洋回来的一种学术风尚。章太炎是国学大师嘛，顾颉刚算是他徒子徒孙辈的，从欧洲回来之后，受了西方影响，就跟章太炎讲，什么东西都要重实证，亲眼看见的方可作实。章太炎听着很不耐烦，就问他，你有曾祖父吗？顾颉刚说，老师，我当然有曾祖父了。章太炎说，你见过他吗？（大笑）刚才丹青兄说的一个词值得寻味，说很多人被“劫持”了。我就特别有体会，比如鲁迅，到现在我才知道他文言文也写过，白话文也写过，他这个人是多方面的。可是我小时候还没看过鲁迅的书，听到的一句话是：鲁迅的骨头是硬的！甚至我小学中学的时候一度还以为鲁迅是一个类似于黄继光的人物，骨头硬嘛，革命斗士！（陈丹青大笑）

陈丹青：胡适被劫持在哪儿呢？1956年以后，全国展开胡适批判运动，整个文本加起来有四百多万字，可真正罪状估计只有一条：多谈些问题，少谈些主义。

> 毛泽东在延安窑洞里说：“我的心与鲁迅是相通的。”而奔赴延安的知识青年都是鲁迅的崇拜者。他们不清楚鲁迅晚年对左联的深刻失望，就像鲁迅不知道日后的延安发生了什么；日后的延安，那些整风过后幸存的青年又哪里想到后来进城做了大官，或大右派，而毛泽东自己也未必想到解放后会坦然语告：鲁迅要是活着，不是沉默就是坐班房……
>
> ——陈丹青《文学与拯救》

窦文涛：这是胡适提出来的。

陈丹青：对，这是罪状啊。可你现在想想，这话多对呀！多谈些问题，少谈些主义。

窦文涛：你说当时这些知识分子，他们自觉是个什么人呢？有革命战士的任务吗？还是觉得自个儿就是个学者？

陈丹青：国家兴亡，匹夫有责。我相信是这样子，舍我其谁。

许子东：到他们为赵家璧编“中国新文学大系”的时候，胡适、陈独秀就有不同论法。陈独秀说，假如不是我们当时这样做，因为时代发展的需要，也会有人这样做，这是历史发展的必然。胡适就不同意，说要不是当初我们几个人挑头做这个事，也许会延个二三十年，也许变化会不一样。那时候已经暴露出两个人的历史观是很不一样的。

窦文涛：你看这个名字就能决定命运，“胡适之”，你发现没有，什么人都合适，我的朋友胡适之嘛。这个人对任何一个人，小到一个小学生给他写信，他回信都是温文尔雅，那么好商量，说话说的——

陈丹青：他生活比较稳定那一段，二几年到三几年，每个礼拜有一天家里是开放的，什么人都可以来。

许子东：但你要看茅盾后来写的《我所走过的道路》，写在商务印书馆做小伙计的时候，回忆胡适，说他多高傲啊。

窦文涛：其实为什么说很多人被劫持或者被贴了标签，比如我搞文字音韵学研究，这是我一个兴趣，不一定非要为了个什么目的去做这样的学问，可是你看后来他们都被划分了阵营。丹青画的《清华国学院》，当时的王国维、陈寅恪研究的那些东西，说实话到今天我也看不太懂，似乎他们跟这个时代潮流没太多关系。

陈丹青：他们在做一件胡适提出来的事，胡适提过四个目标，其中一个是“整理国故”，很重要的工作。我们今天做的无非也是想整理国故，现在“五四”都成为国故的一部分了。

许子东：从文学批评的角度讲，王国维后面没有人超过他，到目前为止这一方面他是最好的。

窦文涛：那你说他当时是怎么想的呢？对所谓亡国灭种的这种危

机，他心里有没有一种士大夫的——

陈丹青：他有预感，他知道此前整个的中国传统可能到这儿是一个终点，所以在他死因的各种揣测当中，其中一个是殉中国文化之道。

陈丹青绘《清华国学院》
画中站立者从左到右为：赵元任、梁启超、王国维、陈寅恪、吴宓。他们是真正的大师。

许子东：张爱玲也有预感。她说时代是一个轰轰烈烈的车在往前走，你根本挡不住，还有更大的破坏要来。这些人是极其清醒的，清醒的人就特别痛苦，特别孤独。刚才说的“劫持”是指后来的文学史改变了对他们的评论，比方鲁迅骨头硬，那是毛泽东对他的评论。更有趣的是这些人自己对自己的评论也在变，比方郁达夫写《沉沦》，他自己评了有三次，一次是刚发表的时候，他说《沉沦》写什么？写现代人灵与肉的苦闷，性心理的压抑；过了五六年，1926年重新出版的时候，他说《沉沦》是毫无价值的，唉声叹气，讲了一番牢骚话；到了1932年，“九·一八”事变之后，他解释这个作品，说我一个游子到了东洋，到了东洋才看到我故国的沉沦，看到我弱国子民的悲哀，所以发出了这样一种声音……这不就上升到民族国家的高度了！

窦文涛 ：本来他是写性苦闷的。

许子东 ：对。三个东西，你说有吗？都有。但是一个作家为什么会对自己的作品有不同的评价？这是跟着整个意识形态的变化在改变。

陈丹青 ：最极端的就是郭沫若，郭沫若在建国以后说我1949年以前写的所有东西都是不对的。到了“文化大革命”，他说我要全部烧掉我过去的著作。

窦文涛 ：那这人这辈子剩下什么呢？

陈丹青 ：所以啊，这是“五四”要反思的地方。

同情地了解“五四”那代人

窦文涛 ：丹青兄，你说那时候的文人他们知道自己闯了祸，是什么意思？

陈丹青 ：闯大祸了。胡适很多言论里就说过，当初我们几个人在那儿谈论文学革命主义，其实是一个非常斯文的、小范围的事儿，但这把火点成这样子……此后各种党派就出来了，1919年五四运动，1921年共产党成立，然后到二几年三几年，形势变化非常大。他们这批文人在一个学校里，一个房间里喝喝茶、抽抽烟，弄几本刊物，把这事儿闹出去，结果变成了全中国的一个历史抉择。

许子东 ：从文化使命的角度讲，胡适是比较早清醒的，他在激烈反传统的《新青年》上做主帅，但是很快就提出“整理国故”。

陈丹青 ：他也是最早退出白话文运动的人。

许子东 ：从那时候“左”和“右”就开始分裂了。（20世纪）20年代后期鲁迅被两边骂，一边是后期创造社，从日本回来的一些人，骂他过时了；另外一边是梁实秋他们，骂他翻译不好，骂他硬译。两边骂的时候，鲁迅有一个朋友瞿秋白，那时候已经从党内退下来了，他看到了鲁迅的重要性，就通知在上海的中共领导，叫创造社那些人停止攻击鲁迅。

陈丹青：李立三出来收拾的，说他是我们的人，从此就停下来。

许子东：不仅停下来，而且夏衍、冯乃超还去拜访鲁迅，说我们都错了，您才是我们的指导。所以鲁迅在30年代就成为左翼的一个旗手，但是他从来没掌握实权，实权一直在周扬他们手里。

窦文涛：鲁迅自己清楚吗？

陈丹青：他晚年知道。他有一个学弟，跟他一块儿办杂志的叫李霁野，后来在人民文学出版社一直编辑《鲁迅全集》。鲁迅私下跟他说过很多，但是他抵死不肯谈，不谈鲁迅当时对左翼这一块儿到底什么看法。

许子东：鲁迅后来是真信了，接受了马克思主义的一些理论、俄国的一些理论，但是到了1936年他们接到共产国际的指令，要放弃左联解散左联，鲁迅就不愿意。他想你们不是革命吗？怎么可以突然放弃？他是真信。

陈丹青：“五四”那代人其实很认真。鲁迅读到的所谓唯物论和他见到的左翼作家，没有办法match。人是这么一群人，人格上有很多问题，他痛恨他们，一直到后来矛盾公开化，答徐懋庸的信，跟“四条汉子”的事情。

许子东：他万万没想到，后来接近他的丁玲、冯雪峰都倒了。

陈丹青：在这一层上，胡适比他看得清醒，对整个问题看得比较清自然，事实会证明他们到底的真相，我决不愿来断定他们是什么人，但倘使他们真的志在革命与民族，而不过心术的不正当，观念的不正确，方式的蠢笨，那我就以为他们实有自行改正一下的必要。

——鲁迅《答徐懋庸并关于答抗日统一战线》

醒。胡适抗战时候到美国当大使，后来又跑到台湾，他经历过整个“五四”，后患是怎么样的他已经说不出来了，这事他也有份，他是点火的人。

窦文涛：连这个当时的始作俑者也始料未及。

陈丹青：所以我很冒昧地说，咱们要给“五四”定性的话，它一方面是光芒万丈，因为照胡适的说法，他当时是在搞一场中国的文艺复兴——他的意图是这样，如果不是文艺复兴，至少也是启蒙运动，但是最后被“救亡”冲走了；但是另外一句话，它也“后患”无穷，我们这几代人应该知道“后患”是什么，然后在知道这个“后患”以后，返回去再去同情地了解“五四”那代人。

许子东：陈平原的概括是：泥沙俱下、众生喧哗、生气淋漓。所谓“泥沙俱下”，什么是泥？什么是沙？大家去思考。

窦文涛：那么从今天来看，当年的德先生、赛先生，完成任务了吗？

陈丹青：他们说现在学界有一个结论，就是“五四”现在结出的果子是“科学主义”。我说这话怎么说？他们说你看至少现在所有领导层的都是技术专家，理工科出身。我一想也对，清末民初，办新学，富国强兵，其实就是要咱们中国有自己的科学，它的顶峰就是原子弹出来了。我们现在最骄傲的，说来说去还是西南联大出去的那几个人得了诺贝尔奖。

窦文涛：这个西南联大，我看过很多文章，包括汪曾祺写的，抗战时期那么困难的一个学校，怎么结出了那么多果子？

陈丹青：清末呼吁要办“新学”，到了西南联大，实际上是一个结果的时候。当时南开、北大、清华三个学校能够跑到那儿，是因缘际会，那么一小段时间出了多少人啊。

许子东：“五四”良性的延续，西南联大是一个重要转折。

陈丹青：等于第一炉馒头出来了嘛。“五四”点火，第一炉馒头出来，就是西南联大这些人。

窦文涛：就这一炉啊？

陈丹青：就这一炉。此后的就别说了，到现在一炉一炉又出来了，咱们也别比了。

许子东：不过后来台静农把这个传统带到台大，延续到夏济安，一直到白先勇他们，香火还是在延续。

窦文涛：还余香袅袅。

鸳鸯蝴蝶派是主流

窦文涛：想起“五四”，我老有一个问题，你说历史是偶然还是必然？总感觉当初那些人本意是要弄个什么，结果跟内忧外患裹胁在一起，造成了一个谁也没想到的结果。

许子东：刚才讲的瞿秋白跟鲁迅的友谊，就是一个偶然。当然总的来讲，我还是相信必然。普列汉诺夫的话在我这儿生根了：偶然性是一种相对的东西，它只会在各个必然过程的交叉点上出现。现在回过头来看，“五四”到现在这九十多年其实是三三分的，1919年到1949年是三十年，1949年到1979年是三十年，1979年到2009年又是三十年。前三十年是启蒙，中间三十年是革命，最近三十年搞建设。从1979年开始我们重新反思“五四”传统，每年都会有人提出“五四”精神怎么继承，虽然我们对“五四”有种种不满、非议、反省，但是走不出“五四”。

陈丹青 ：我非常同意这个三分法。我们反省“五四”也好，肯定它也好，要非常清楚我们身上有哪些东西是“五四”给我们的，至少没有“五四”我们今天不会是这个样子，我们开口说的话就不会是这个样子。

窦文涛 ：我最近常常感觉到，我们从小讲中心，讲主旋律，讲时代最强音，但是后来发现历史实际上是很具体的，比如抗日战争如火如荼的时候，张爱玲就在上海写她个人的一些感情。但是到最后说起来，哪有你什么事儿，抗日就是完全的世界。我想“五四”会不会也有这种情况，当时这个救亡运动、新文化运动之外的社会是什么一个情况？有一些什么人在当时比较流行？

许子东 ：俞平伯后来有个回忆，说他一个班上的同学办了三个杂志——一个班就有三派，外面社会上更多的，当时百分之九十的人都看鸳鸯蝴蝶派的，最大的代表人物是张恨水。

陈丹青 ：对，真正的大众文学是他们的文学，现在叫畅销书。我总觉得张恨水这路人相当于18世纪末的大仲马小仲马，他们开始在报纸上连载小说，19世纪文学是从这儿开始的。

窦文涛 ：我记得那时候好像新派人物一听说鸳鸯蝴蝶派又出什么小

说了，一定要写文章痛骂的，觉得又在延续旧道德、旧风气、旧生活。

许子东 ：不仅是新派骂，连鸳鸯蝴蝶派大师自己心里还充满犯罪感呢。最有名的是《啼笑因缘》，上海《新闻报》的严独鹤跑到北京找张恨水约稿，说上海人要看武侠，所以《啼笑因缘》里面搞了一个“关秀姑”；又说上海人喜欢看男女恋爱，然后搞了“樊家树”什么的。张恨水那个稿费啊，不得了的，民国期间稿费最高纪录是一千字十个银元，两个人，一个是张恨水的《啼笑因缘》，还有一个是鲁迅的《申报》“自由谈”。《申报》“自由谈”因为短嘛，一千字十块也多不了多少，但《啼笑因缘》多少字？最近安徽开会纪念张恨水，苏州有个非常好的学者，研究鸳鸯蝴蝶派的，据说张恨水家人不欢迎他来开会，他们说我爸爸不是鸳鸯蝴蝶派。（笑）

窦文涛 ：那是什么派？

许子东 ：现实主义作家啊。（笑）因为鸳鸯蝴蝶派一直不被主流认可，张恨水后来就写抗战了，《八十一梦》什么的。

陈丹青 ：解放后写工商改造，拿起来就是。

许子东 ：自卑啊，被改造。

张恨水（1897—1967），章回小说家，鸳鸯蝴蝶派代表。“恨水”是笔名，取南唐李煜词《乌夜啼》“自是人生长恨水长东”。代表作有《金粉世家》《啼笑因缘》等。

窦文涛：那时候张恨水的书好卖，还是鲁迅的书好卖？

陈丹青：绝对是张恨水的书好卖，鲁迅的《呐喊》刚出版的时候，第一版是八百本，你能想象吗？已经震动文坛变成公案的书，只有八百本。

许子东：照我们刘长乐老板的话，叫影响有影响力的人。（笑）

陈丹青：可是鲁迅要给母亲寄书看，寄的是张恨水的小说。

窦文涛：他母亲看旧式言情小说？

许子东：还有很多啦，秋海棠、周瘦鹃，都是鸳鸯蝴蝶派。张爱玲很早就解决了这个问题，不排斥通俗文学，她的小说一开始在周瘦鹃的《紫罗兰》发表，后来的书都交给皇冠。但是这个问题内地直到80年代才开始正视，我记得当时有一个写报告文学出名的作家，在那里沉痛感慨说，怎么革命了那么多年，现在大家都还看金庸啊！（笑）鸳鸯蝴蝶派没有革掉嘛。

被遮蔽的人和事太多了

窦文涛：你们说的这些事儿，让我想起一个现象，好比说现在经常主动在网上发表意见的人，其实是人口当中的少数，仍然有一个沉默的大多数。还有我们说的旧上海，我记得一个老干部说，他们写的那个生活，当时上海百分之八九十的人民，不是这样过的呀！“五四”有没有这个问题，就是一边在闹运动，可是全国四万万普通老百姓，绝大多数人是没有什么声音的。

陈丹青：我最想知道的就是“五四”的原生态，就是当北京城里有这么一帮文人在那儿闹的时候，整个中国的日常形态是什么样子？

比方张爱玲在孤岛时期开始走红的时候，是什么人在读她的书？他们是不被知道的，但他们是最真实的人群。

许子东 ：现在有很多大学作这方面研究，回到原生态，回到现场。其实也不是太难，你要找鲁迅杂文最早发表的地方，比方在《申报》“自由谈”，鲁迅这个所谓战斗文章的旁边就是一个梅毒广告，下面是化妆品，前面是征婚启事，等于是《新闻联播》旁边就有《锵锵三人行》。

窦文涛 ：把我们当梅毒了吗？（大笑）

许子东 ：那时候叫花边文学，中国历来都是庄不庄谐不谐，亦庄亦谐嘛。

陈丹青 ：主流的文艺杂志里，鲁迅其实也只是几十篇里的一篇，能请到他还不容易呢，好几期都没有他。我们现在知道的“五四”实际上是一个非常稀薄的、被提炼出来的“五四”，就那几个人几件事情反过来倒过去在那儿讲。

许子东 ：有一个细节可以回到现场，就是我妈妈给我描述的那个画面，我一直觉得不可思议。坐在黄包车里，穿着皮草的衣服，手里拿着名贵的包，但是包里面有一本《家》……我说你那时候读《家》干什么？反封建啊，时髦啊。

窦文涛 ：是不是那时候读《家》的青年像今天咱们认为的比较新潮的、前卫的一拨人？

许子东 ：问题是她坐黄包车，穿皮大衣，根本没有走那条革命的路啊，她在享受资产阶级的生活，还在读这个书来维持精神的平衡。

陈丹青 ：所以我们这代人在反思“五四”的时候，一定要知道当时文学的作用被夸张了，它跟历史的关系、跟革命的关系、跟国家的关系，都被夸张了。

窦文涛：当时政府是怎么个情况？我那天看了一段，说火烧赵家楼之后，抓了学生，蔡元培他们跑去保人，全国各地罢工、罢市、罢课。当时的警察总监叫吴炳湘，跑去跟老大说，不行，这事儿再闹大，我可弄不住了。然后说那就放人，先把学生放了，说你跟那帮闹事的学生说，明天我不放人，我吴炳湘就是他们儿子！那种话都说出来了，我觉得那时候真是有意思——

陈丹青：其实清末民初的中国，真的是一个新国家。

窦文涛：新国家吗？

> 从“五四”直到1949年中国幸亏有一位胡适，也幸亏有一位鲁迅，幸亏有人反对胡适，也幸亏有人反对鲁迅——在他们二位之外，中国还幸亏有其他不同主张、不同学说、不同性格、不同来历的人物。可是到了我们的时代，鲁迅被独尊、胡适被批判，绝大部分知识分子被抹杀，总的目的，就是剥夺我们的常识、判断与选择。
>
> ——陈丹青《民国的文人》

陈丹青：当然了，中华民国是共和政体，对当时的人来说，一切都是新的，马路上有警察就是一件新的事情，有外交部就是新的事情，有大学就是新的事情，一切都是新的。

许子东：大学、报纸都很重要，最主要还是政府。我们原来是老大帝国，那时候一下子要变成少年中国，少年中国梦是毛泽东他们这一代的梦想。

窦文涛：我还见过周作人日记里有“今日，毛泽东君来访”，当时毛泽东就是一个学生呗。

陈丹青：那会儿的交友录和交际圈是你不能想象的，各种不同政治、政见，各种出身背景不同的人、学问背景不同的人，那种关系根本不是我们在正规文本当中能够看到的样子。说起被“遮蔽”的人，比方说沈定一，还有周佛海，都是最早建立中国共产党的人，后来都走掉了。

许子东：最吃亏的是茅盾。茅盾在1921年“七一”之前已经参加了陈望道主持的筹备中共委员会，可是他当时忙着编《小说月报》，居然错过了第一次党代会。

窦文涛：他不知道他错过了什么。（笑）

许子东：第二次错过更惨。1927年北伐时候，“四·一二”，蒋介石在上海清党，他那时候在武汉，主编国民党的中央报纸《民国日报》。接到一通知，叫他在8月1号之前赶到南昌——咱们现在都知道这是干什么，他不知道啊，糊里糊涂带了一个女生上庐山了——

窦文涛：肠子都悔青了。

许子东：上了船，还把那笔党交给他的钱丢了，所以后来脱党很多年，到（20世纪）80年代去世之前要求恢复党籍，胡耀邦总书记给他恢复了，从1921年算起。

窦文涛：我觉得他是面临了众多的选择，今天我跟你们混混，明天看你们不靠谱，我跟那帮人混。那时候的社会生态确实很有意思。

许子东：有很多不可思议的事情。我现在重新看《日记九种》，郁达夫当时追王映霞，王映霞不理他，他晚上就去找妓女，在福州路，一起去唱歌。

陈丹青：卡拉OK。（笑）

许子东：然后又去抽鸦片，还写在日记里。那时候男人好像比现在要自由一点，这几样事情现在的人要做也不敢说啊，他照样把这几件事情说出来。而且他白天还在创造社总部写文章，无产阶级革命，欢迎北伐军到上海。

窦文涛：哎呦，白天革命，晚上泡妞啊。那时候是不是有一种社会风气，以冲决网罗为荣呢？好比徐志摩当年追陆小曼，陆小曼跟她老公离婚，哎呦，顶着那个社会压力，较这个劲，好几年。当时的社会要说保守，那比今天保守多了吧，但是这些人为什么——

陈丹青：未必是冲决网罗。

窦文涛：那时候没有网罗吗？

陈丹青：没有网罗，要不怎么跑来跑去，出局入局这么容易呢？

窦文涛：能不能说那时候出现了一种自由的真空期呢？在某些人当中？

陈丹青：这就是他们不好讲的地方，这批过来人到后来，我相信他们是自己吃了闷亏自己讲不出来。他们回头想此前的日子，太多的选择，太多的进退余地，才能干这么多事，见这么多人。我为什么特别重视胡兰成，胡兰成在《今生今世》里面，字里行间透出来他生活的那个空间。“五四”的时候他是个小孩，轮不上跟“五四”那帮人玩儿；然后他要往左翼那边走也有机会，在广西生病的时候他说我只有一个念头，生完病我到延安去。

窦文涛：胡兰成还曾经想上延安？

陈丹青：当然。后来他看到解放军进来也很喜欢，“民间奇兵，一股洋气”……你也可以去想，当时有一个青年，要不往共产党那边走，要不往国民政府那边走，他两边比比，大概要怎么样，他要有什么抱负的话，这个路太长了，然后忽然汪伪政府起来了……咱不作是非判断，就是当时一个青年，“五四”时期大概十来岁，抗战时期三十出头，你想想看，他在那个空间里面，有抱负有才华，他想做点什么事情——

许子东：好像后来他还写书给梁漱溟看，还希望跟毛泽东谈谈他的国家策略。

陈丹青：是啊。所以我们今天为什么对张爱玲、胡兰成感兴趣？“文革”结束以后为什么对沈从文、钱锺书感兴趣？无非就是一个大叙述当中，他们不在；然后突然发现那个时候还有这样的人，拿来一看挺好看。大家现在未必对主流叙述的那些人有多大兴趣，可是《小团圆》一出来，大家都去看，看个究竟，其实都是因为遮蔽的原因，出土文物嘛，等于。

人生总有一个“五四”可以选择

窦文涛：为什么我又听说，在有些经历过的人眼里，“五四”真的是一个黄金时代。

陈丹青：可为啊，你有抱负，你有才华，你有路子，你有机会。很多人的传记你仔细去看，他们真就做成了。翻回来到我们现在这个处境里，你一核对，这都是现在不可能的事情。可是当时他要做就真去做，要到一个地方就真的可以去，然后出了事也可以跑出来，有了机会又可以再翻回去。

许子东：但是很多人到后来也后悔忏悔，瞿秋白《多余的话》，陈独秀晚年的著作，都对自己早年的想法有反省。

陈丹青：那是什么呢，是他机会多到最后命都搭进去了。“五四”是很危险的一个时代，尤其二三十年代，像柔石这些人，命都搭进去了。开了几次会，印了几本小册子，等绑起来去杀头的时候，晚啦！太多这样的人了！胡兰成说，国民党那会儿杀了很多“五四”青年，混乱当中杀了很多很单纯的人。

许子东：讲黄金时代，我有时想想，其实我们今天活着的每个人，自己都有一个“五四”，都有一个年轻的、可以选择的这么一个时期。人生总有一个时候你觉得有很多路在你的面前，你想做这个想做那个，你可以想很高很高的事情。可是随着年龄的增长，你会发现你的路变得越来越窄，你的理想越来越低。“五四”乘起来就是“二十”嘛，最应该珍惜的黄金时间。听说有个电视台要办一个节目叫“成年礼”，让那些找不到方向的年轻人成年，什么叫“成年”？可以有性行为，可以经济独立，但更重要的一点是你可以参与社会了，可以参与政治，可以作一个自己的选择，然后自己来承当。你不仅被照顾，你要有所承当，其实选择就是承当。

窦文涛：这就是千万条道路摆在面前。“五四”的时候真是这样啊。

许子东：那是一个国家的二十岁，少年中国。

窦文涛：这些人的行为加起来，就是那个时候国家的选择。

许子东：可惜咱们都错过了。多余的话，说了半天，都是多余的话……

王朔

文学语言你让我「规范」什么呀

别人委屈我，我绝对记仇，但我绝对不欺负比我弱的。

炫耀什么都是炫耀，你炫耀真才实学也叫炫耀。

耶稣基督的爱我觉得特别伟大，我想想，我做不到。

大家都别当伪君子，真的。

窦文涛 ：锵锵三人行！今天王朔王老师来了，文道也在这儿。攒这局也够难的，说起这个缘由，上次叶京坐这儿讲《与青春有关的日子》，聊起来一事儿，我发现我还真不懂，就是说国共两党的大院子弟——台湾的文道熟，北京的王老师熟。王老师说他们家小时候那个大院啊，还不是一般大院，是军事训练部啊。

王朔 ：对，训练总监部，相当于地方的教育部和体委合并的，（里头）全是战斗英雄，还有国民党战斗英雄。

窦文涛 ：怎么会有国民党战斗英雄？

王朔 ：解放过来的吧。最早我们训练总监部有两个部，一个训练部，一个军校部，刘伯承是部长，后来是叶剑英，两个元帅，六个上将，把全军的战斗英雄，还有那些留苏的，国民党各高校的（都集中起来）。因为最早解放军在南京搞军事学院，训练师团以上干部没有教员，除了一些苏联教员，就是国民党（教员），像我们同学他爸是国民党中将呢。

窦文涛 ：啊？那“文革”的时候不得给淬了。

王朔：没事儿，对他们是保护的，因为他是军事专家。1958年之前刘伯承搞部队正规化，后来被彭德怀“反教条主义”给反了，那时候全军要向苏联学，所以我们院大人全都高高大大的，年轻干部都是大比武尖子。我爸那时候是军校部一参谋，后来在国防大学教战术。我们从小看中共党史，看的全是电报。

梁文道：电报？

王朔：全第一手的，什么张国焘的回忆录，李德的回忆录，还有文史资料。

窦文涛：这些怎么给你们小孩看着了？

王朔：家里头有啊。所以谁说我们没文化，就你们地方有大学啊。而且在部队是不能讲假话的，因为你部队报实力，讲假话，枪毙你。而且军队一直在准备打仗，我们小孩玩的扑克是军用扑克。

梁文道：军用扑克？

窦文涛：为了熟悉美军装备。

王朔：大猫是一个美军少将，旁边站一上校，这边站一少校。小猫是一美军上尉，这边站一士官，那边站一准尉。

梁文道：真没听过。

王朔：特别有意思，全是照片。方片是海军，方片A是航空母舰，小鹰号那种，底下全是排水量，战斗装备。方片K是巡洋舰，方片Q是驱逐舰。梅花是飞机，我还记得梅花5是F5E。黑桃是导弹。

我绝不欺负比我弱的

窦文涛：你说玩儿这些个长大的孩子，他会发展成什么样？

王朔出生后不久，便随父母来到北京郊区的一个部队大院落户。封闭的大院生活，使小毛孩王朔不知城里还有居民，以为那里除了商场就是公园。

王朔 ：就我这样。（笑）我跟你说，我们唐诗宋词是幼儿园看的，上中学我们看什么？丘吉尔回忆录，《第三帝国的兴亡》，德军东线总指挥曼施坦因写的《失去的胜利》，还有苏德战场的好多事儿，朱可夫的回忆录。包括我们看电影，八一厂拍的，《奇袭武陵桥》《地道战》《地雷战》……全是军教片。

窦文涛 ：我听这意思，就是那时候就有两个世界两重天，跟我们那种工厂大院子弟受的耳濡目染完全不一样。

王朔 ：你想“文化大革命”前我们就有夏令营，在八一射击场，那时候叫军事三项世界冠军，投弹、射击、越障碍。我这就算不是力战型的，但是我这样的，翻障碍两米的高墙我也能翻，而且全副武装跑十公里下来。我下水游一天，你不让我上来，我不上来。

窦文涛 ：我打个岔，文道小时候住台湾眷村旁边，你说那时候台湾的军官子弟跟他们也挺像？

梁文道 ：台湾那一帮感觉比较悲惨一点，悲惨在什么地方呢？台湾这些外省来的军官跟台湾本省人有矛盾。本省人是种田的，他会觉得你们这六十万国民党军队来吃我们台湾人种的米了，你们也不干活也不劳动。但是这些外省军人，他觉得你们这帮人有没有想过都是我们护卫着你，是我们守着台湾你们才有今天的。然后就互相看不起。眷村的世界是很封闭的，家长总会说，这个台湾人的孩子是外头的野孩子。他们叫台湾本地人“老百姓”。

王朔：我们小时候也这样。我们一进城，我们院一女孩说：“哎哟，这都是老百姓哎。”我们有一什么概念啊？军属。我们不一定要在北京住，我们要跟着部队走，所以我为什么——其实我一直让着他们的，我觉得欺负老百姓不牛×，是吧？我们是练过的，而且我当时瞧不起老百姓在哪儿啊——

窦文涛：我问你，你现在对老百姓还有这种优越感吗？

王朔：我当然不觉得这优越感牛×。我十岁以前不认识我父母，我住在幼儿园，我一生下来第一印象就是一大屋子，里头全是小朋友。那时候我父亲天天出去看地形。

> 我不记得爱过自己的父母。小的时候是怕他们，大一点开始烦他们，再后来是针尖对麦芒，见面就吵；再后来是瞧不上他们，躲着他们……再后来，一想起他们就心里难过。
>
> ——王朔《致女儿书》

窦文涛：（笑）不打仗，天天看地形？

王朔：部队天天在准备打仗，从来没松懈过。“文化大革命”时期，部队在华北防卫苏联，在三北地区修建国防工事，平地修山啊。我十岁以前不认识我爸。

窦文涛：那谁管你呢？

王朔的母亲是医生，父亲是解放军政治学院教员。王朔童年的时候，父母工作很忙，无暇照顾他。

王朔 ：幼儿园阿姨啊。

梁文道 ：一帮小朋友在一块儿。

王朔 ：全小朋友。所以学校老师跟我来劲，我都不理你，我们小朋友是一伙的，这是我的力量。大人也不认识我们，直到我上中学，我们院儿大人还经常把我喊错，当成他们家孩子。我们院儿有一大人跟我爸长得特别像，所以我全弄不清，我妈我也不记得，就记得是一呢子大衣。

窦文涛 ：你们这么发展，会有那种无法无天的感觉吗？

王朔 ：反社会人格肯定有，攻击性人格。其实我是病人，我是攻击型人格，我心理绝对有问题。其实我对别人比别人对我坏，别人委屈我，我绝对记仇。这其实特别不好。

窦文涛 ：反社会要往好里说，他有战士的一面。

王朔 ：我是什么呀？我绝对不欺负比我弱的。我们那时候谁欺负弱的，比如说欺负女的，不牛×。

2600年前的释迦牟尼，和孔子是同时代的人，可人家讲生命平等，孔子那儿讲君君臣臣。中国革命把儒家打倒了，中国历史进步意义就在这儿。共产党在执政就不能把这点放弃了。不是吹牛，我特别不喜欢欺负人，欺下必定媚上，这个绝无例外，因为它是守恒的，基本的宇宙原理在这儿。

——王朔

窦文涛：我觉得从小在军队大院长大的（孩子），你甭管好是不好，但事实上讲，真出人。当年一聊天就讲苏德战例的主儿，现在都跑到文化界打仗去了。（笑）

王朔：所以他们说我写小说，但我从来不认为我写得好，为什么？战争是艺术，对不对？杀人是技术。战争是历史，政治是延伸。

窦文涛：那人道主义怎么说？

王朔：军人不好战。军人绝对不想打仗的。过去汪精卫讲“文臣好战”，因为他不打仗，“武将没法畏战”，职责所在嘛。

二战情报战特别残酷

窦文涛：咱转回头来说台湾眷村这些人的命运，有一些貌似挺成功的人，邓丽君——

王朔：邓丽君是，林青霞是，关之琳是香港眷村的，马英九也是那儿的。文化界里头的高金素梅、胡因梦都是。

梁文道：还有杨德昌、张大春这些。

窦文涛：文道，你接触的这些国民党军官子弟，他们有没有蒋中正教育出来的心理？

梁文道：当然有，但是我觉得每个村的情况不一样。眷村是跟军种的，空军有空军村，海军有海军村，陆军有陆军村。

王朔：我们那儿也是，空军大院、海军大院，各军不一样。

梁文道：不知道为什么空军一定是最时髦的。

王朔：宋美玲那时候喜欢空军嘛。

窦文涛：我感觉海军最浪漫。

王朔：待遇最高的是空军，伙食费最高的也是空军，空军少嘛，而且空军都是美国训练出来的，花的费用也高。

梁文道：空军家庭特洋化，我们小时候传说空军那些军眷夫人们个个都讲英文。

窦文涛：好多国民党将军娶的夫人，要说那还是比较有素质的。（笑）

王朔：那是他们把有钱姑娘都给娶了。你搁那时候你嫁给共产党？我妈她们是奉天女子国民学校，当年共产党进东北的时候，娶走她们一批人，把一帮女人给卷走了。（窦文涛、梁文道大笑）她们老师有一个是共产党员，忽悠她们，给她们看鲁迅小说，让跟着人家——那时候叫东北民主联军——走。我妈十八岁，给我姥姥摁住

> 她那一班女同学，日本占领末期就有家里做主嫁给汉奸的。民主联军来了动员走一批。国民党进沈阳又被那些军官娶走一批。都是中学生，被有势力的男人带到不知天南地北去了。她有个国文老师疑似中共地下党员，私下给她们传鲁迅和苏联的小说看，差点把她动员走。
>
> ——王朔《致女儿书》

了，“你哪能跟着这帮胡子走？”那时候叫“共产胡子”。接着国民党正规军来了，全是美军装备，拉着榴弹炮，来了之后又卷走一堆女学生。我们从小还看情报工作，那时候没有中央情报局，苏联叫格别乌，德国叫盖世太保，还有卡纳里斯的海军情报局，还有军情五处。互相抖词儿啊，哎哟，抖那词之深，太坏了。英国人为了给德国人传回一假话，派了一间谍去，把法国抵抗组织一个一个点。

窦文涛：真出卖？

王朔：真出卖啊。出卖完，最后为了给句假话，说在哪儿登陆？加莱。所以一打响隆美尔正准备上，希特勒说，别！那是佯攻，等加莱吧。差了二十四小时还是四十八小时，盟军就上（岸）了。就为这么一句瞎话把整个都给出卖了。

窦文涛：哎呦，这心眼儿玩的。

王朔：你看《蛇》那电影，克格勃给中央情报局抖一词儿，把中央情报局彻底抖垮了。也是派间谍过去，上校叛逃了，说你们中央情报局有我们五个人，我给你点啊，第一个梁文道，是真的，逮了；第二个窦文涛，还是真的，逮了；点了四个，第五个说不知道是谁，一通儿乱猜。

窦文涛：为了革命得牺牲多少自己的战友啊。

王朔：负责反间谍这哥们儿就疯了，成一迫害狂了，觉得谁都像，因为前四个都是真的嘛，中央情报局完全没法工作了，因为情报工作必须得互相信任。他把金·菲尔比都给点了，菲尔比是军情五处负责反苏联情报的处长，当时在美国负责美英情报联系。他来把菲尔比都点了，你说他是不是真的！但是接着他又叛逃回苏联了，美

威廉·弗兰茨·卡纳里斯（1887—1945），纳粹德国海军上将，1935年起任隶属陆军部的谍报局局长，参与过对奥地利、捷克斯洛伐克、波兰、苏联入侵的活动。1944年2月退役。后因参与1944年对希特勒的暗杀活动被处决。

间谍王子哈罗德·金·菲尔比，英国人，生于印度，剑桥大学毕业，早期信仰共产主义，是著名的“剑桥五杰”苏联间谍网成员之一。1963年在身份暴露前夜逃往苏联，令英国情报机构蒙羞数十年。

国官兵就完全拧巴了。

窦文涛：哎哟，王老师这内幕，我是很少有地方能看着。

在美国遇上国军子弟

窦文涛：军队这些子弟啊，你怎么又觉得都特别惨呢到后来？

王朔：多数人都特别惨，我是混出来了，我们多少没混出来啊。《与青春有关的日子》里，我们一姐姐，就是白珊原型。她爸叫张晋祥，当过二炮司令铁道兵司令，后来转移到地方。混得特别惨，因为她爸死了。

窦文涛：我就觉得这些人的心理啊，小时候受的教育，感觉老子天下第一。

梁文道：问题就在这儿，台湾眷村的子弟，他从小受的教育是“我们是保家卫国的，我们是最精英的，我们是最优秀的，这些本地老百姓孩子不行”。本地小孩反而比较踏实，该怎么读书就怎么读书，慢慢上，等到上去之后，眷村很多年轻人已经变成混帮派的了，台湾那些所谓的外省挂四海帮。

王朔：竹联帮也是？

梁文道：竹联帮也是，都是这一批。有一批后来可能混得还不错。但台湾经历了改朝换代，当年受欺压的本省人一上来，这些外省的就没处混了。而且他们从小就从父母那儿感染了悲情。你知道六十万国军里面有什么人吗？有一种人过去很少有人留意，就是强拉的兵。舟山大撤退拉了很多人？那些人是正种着地，国民党过去拉，强拉带到台湾的。有一位台湾作家后来写小说回忆这个经历，他当年是十一岁给拉上船的，丢到台湾之后只好当兵。你想想看，这些人到了台湾，非亲非故，所有东西都在家乡，所有亲人都在家乡。

窦文涛：背井离乡了。

梁文道：而且他们在台湾也住不惯。我小时候印象很深刻，那些眷村朋友们的父亲最喜欢说，什么东西还是家乡的好，比如江西的说我们桐油多好多好，台湾什么都受不惯，总是想着将来要回去。等到真的开放探亲了，回去一趟——

王朔：根本不是一回事儿了。

梁文道：回来都很沉默。

窦文涛：听说你后来到美国，又碰见一些国民党军官子弟，你们碰一块儿聊天，聊得亲吗？

王朔：亲，我就跟台湾人亲，跟上海人亲，跟香港人——香港人不靠谱，我不爱听，那是什么乱八七糟的话，（瞅见梁文道）对不起啊。

梁文道：（笑）没有，没有。

王朔：我当时住在小台北，全是台湾人，讲国语。我们老吃饭那一小饭馆就是一“嘚哥”开的，嘚哥还帮着盛饭，特亲切，不吹牛×，吹牛×的是那些小弟。那儿越南的叫“越清帮”，还有“华清帮”，整天争地盘，经常在饭馆“咣”一下就开枪。越南人也特猛，打过仗出来的嘛。帕萨蒂纳的高中就发生过一次枪击案，互相不忿，把冲锋枪端出来了。洛杉矶有个山谷大街，那儿好多中餐馆，就在那儿打。所以我们那儿经常有警察进来，说你们都是什么路子啊？因为那儿交水电费就能买枪，谁都有枪，我都准备买支机关枪搁屋里呢。（笑）

窦文涛：怎么王老师到哪儿都能碰见——都能找着组织，是吧？我们去美国，一个这种人也见不着。

王朔：不是，枪店有的是，Shopping-Mall里就有枪店。

窦文涛：合法的那种？

王朔：美国持枪合法。我跟你说为什么美国取缔不了枪，《宪法》规定公民有枪，公民有不服从的权利。两亿人民有枪，你政府敢胡来吗？所以出点刑事案件是小事，不怕这个，所有都是要限制政府，因为政府权力大，太无法无天了。禁枪不可能，这是宪法赋予人民的权利。为什么美国没有入室抢劫？你敢进来，打死你活该。就是FBI什么的，也不能随便进屋，进屋打死你，你必须亮牌照。

梁文道：美国有自治传统。美国独立之前，已经有半自治的小社区了，人民有很强烈的感觉要维护自己的权益。现在我们常说国家是垄断暴力，他说我不让你垄断，你有枪，我也得有枪，我得自卫。现在美国不就有些民兵组织嘛，都是极右派，反对联邦政府。

耶稣的爱特别伟大

窦文涛：说到美国，现在聊大国崛起嘛，我倒发现一点，所有曾经的大国到现在还挺好挺牛的，和那种曾经的大国到后来崩溃了或者什么的，有一个区别就是最后不成了的那些大国都是不拿人当人的地方。但你看英国、荷兰，人家现在也不错，立国纲领一说就是人生而自由平等，公民权利不受任何人侵犯……这种东西好像才能长久。

王朔：我跟你说，“人欲歧视人，人必歧视他”，这是一个道理。老实说我认为希特勒“排犹”有一个很重要的原因，那时候德国共产党、社会民主党特别厉害，一战后期他们起义了，希特勒出来了，认为群众你必须用最简单的口号，比如共产党说有钱人是坏人；他说，得了，犹太人是坏人。群众马上理解，这样就把德国左翼给搞掉了。

梁文道：所以一个社会我觉得最危险的东西是“民粹主义“，鼓动群众，帮他们制造一个假的敌人，那个人其实也没什么。

窦文涛：我也挺困惑的，因为我有很长一阵儿也给人忽悠。有些东佛祖看得很清楚，后来的问题出在和尚要吃饭，搞团结，搞普渡众生，什么事一牵扯到人民就为人民左右了。坚持真理要独来独往，话一说出来就变味。

——王朔

西听起来你觉得没什么不好，比如“胸怀天下”、“位卑未敢忘忧国”。但我最近有点醒过来了，好比说“位卑”，谁给你定的位？我干吗就卑呢？我凭什么就卑呢？是自卑吧。

王朔：我女儿在美国上学，她是这样分的，耶稣基督、曼德拉、甘地，还有马丁·路德·金，这是一溜儿。那一溜儿是谁？斯大林、希特勒……分暴力和非暴力。耶稣基督的爱我觉得特别伟大，我想想，我做不到。

窦文涛：打左脸把右脸给人家。

王朔：我想要是有人害了我女儿，我可以原谅他，但是我没法爱他。我可以不杀你，我也可以让你自由，你悔过就行，甚至你不向我悔过都行，我可以不复仇。但是你要我爱你，我怎么爱？那太伟大了。

梁文道：问题是做到这一点之后，那种力量就很大了。比如说甘地，他带着两万印度人跑到海边，去私采盐矿。几排英国兵在那儿把守，不让他们过去。然后这些印度人就排好队，一个一个走过关卡，过一个英国卫兵就“啪”打一个，血流遍地，打到手软。这些印度人我明明比你英国人多，但我不用暴力，我就是要走过去。结果这种事情传到英国，英国人自己受不了了，我们怎么能干这种事儿呢？

窦文涛：我惨给你看。

王朔：看你心疼不心疼我。（笑）

梁文道：他的道德力量大到一个程度，让英国自己说我没办法干下去了，我受不了了。

窦文涛：没错儿，德国打苏联，刚刚进去的时候，有一个德国兵后来回忆说，苏联的兵都没枪，一群人在战场上跑，后面督战队机枪打着往前跑，没法打了。

王朔：你知道二战时候苏军多少俘虏？七百万。乌克兰那会儿还骑马呢，德国坦克部队一围，怎么打啊这仗？怎么冲啊你？

炫耀什么都是炫耀

窦文涛：你说你们从小满脑子灌输这么多战略战术，这对你在和平年代待人处世是不是——，比如你一用词儿就是“我要转战凤凰卫视了”，都是这种南征北战的——

王朔：我告诉你，我有什么呀？我觉得我真是让着这帮文人，我不能欺负你。

窦文涛：你不是文人吗？

> 说实在的，有一些学奴特别讨厌，看上去一肚子学问，人家说的话你背下来了，你查得到，引用别人的话，你就叫精英了？哪个是你自己想的，不带重复人家的，那是本事吗？包括吹鲁迅的一帮人，把鲁迅的美德都压在你自己这边了。
>
> ——王朔

王朔：我当然不是了，孙子才是文人呢！我没觉得那多牛×。我在我们院是坏孩子，然后我写小说，人家就叫“不务正业”，叫“纸上谈兵”，那点破字儿。

窦文涛：还看不起。

王朔：也不是看不起，我自己不觉得多好。我想当一个好人，谁不想当老好人啊？

> 我越来越觉得我和这个社会有隔阂，有点愤世嫉俗，有这心态应该离人远一点，不要妨碍那些活得正好的人。从别人的生活中退出来既平静又焦虑，平静在自己的本来面目中，焦虑在于按捺不住表态的冲动。”
>
> ——王朔《致女儿书》

窦文涛：是好人，我听好些真正跟王老师熟的，都说这其实是一个好人。（笑）

王朔：我特别不喜欢那种我们都毕业了你丫留级多念了几年书的人，在那儿假装有知识，就这些人瞧不起人，太讨厌了，你们有什么知识？你们比认字，随便我们院一哥哥，当过校对工人，认字——比张承志认字多。（笑）

窦文涛：所以说炫耀知识也是炫耀。

王朔：炫耀什么都是炫耀，你炫耀真才实学也叫炫耀。你凭什么歧视别人？你说你是强人？我强人我装孙子，我不敢说我是作家，因为我觉得我吹那牛×干吗。

窦文涛：你写的东西呀，百分之九十我都看过，你知道我为什么看啊？我觉得跟咱这行多少有点关系。最早我们都是播音腔，不知道上电视怎么说，后来说这套语言不行，换！往哪儿找依据呢？要像咱平常生活里说的——现在就是这样，但现在又苦恼了，我发现生活里说的这些话，认真检索起来也都是陈词滥调。而与此同时我看你的书，你一直在琢磨着怎么颠覆语言。

王朔：其实也不是，语言是活的，它在不断变化。这几年，特别是2000年到2006年，北京其实经历了一个不为人知的——你可以叫“摇头文化奇迹”，像“不靠谱”，像“插米”，像“拧巴”，全是摇头文化出来的。你正玩儿着呢，警察进来，这就叫拧巴。各种反转上一块儿了。

窦文涛：你觉得这跟北京话关系大吗？

王朔：也不是，实际上它有新的状态了，就出这词儿。

窦文涛：所以生活不同了，语言就不同。

王朔：你无非是根据生活。“走面儿”，过去没这词儿，现在大家管朋友应酬叫“走面儿”，它必须有新的状态。

窦文涛：所以看你早期写的小说，感觉很明显。《玩的就是心跳》，那种大院里的（语言），它有根啊，有土壤，但后来你好像想抛弃这些。

王朔：当然，因为那些东西我再写就是重复自己，我没金庸那么没出息，老重复自己干吗呀，我又不指这吃饭。从（20世纪）90年代到现在，十五年了，我现在敢出来了，好多新的语言习惯出来了，比如四字成语，他非得漏一个字不说。

窦文涛 ：对对对，我们有一阵儿也这么说话——你长得真是沉鱼落，闭月羞。

王朔 ：尤其在短信上，经常这样，少说一个字，明白意思就行了嘛。而且我觉得打字用拼音，说明语言往表音文字发展了，你按表音文字打出来的汉字，实际上跟拼音文字一回事儿。

我发展了“三维”写作方式

窦文涛 ：比如“较劲”这个词，有两种写法，一个是叫唤的叫，一个是比较的较。

王朔 ：比较的较是字典上的，我认为有时候不是这意思，有时候带叫嚣的意思。我写字从音，我为什么不喜欢让校对改？我现在发展了一种——我自己吹牛×啊，叫“三维”的写作。我们小时候有个听觉和视觉联在一起的联觉能力，大了以后把这分开了，我现在能使用联觉能力，所以我全创新词儿。为什么不让人改呢？有些词儿，比如砍大山，他们愣给变成侃侃而谈的侃。其实我们原来是有典故的，叫做“当代活愚公，拿嘴砍大山”，你只能用这个“砍”，愣变成侃侃而谈的侃，它不是那意思嘛。

窦文涛 ：而且你还说汉语没有时态，现在发明了一种什么——

王朔 ：我给它加时态了，它有种现场感。比如我现在说：“梁文道坐在那儿用普通话说……”它是叙事的；我写的时候就变成“我迎面一双眼镜，上面一个秃头”，带速度感！

窦文涛 ：那你要说我们正在聊天——

王朔 ：我根本不那么叙事，“我左边一双眼镜，右边一个眼镜”。

窦文涛：随着注意力的转移——

王朔：对，随着镜头进入画面了。你看电影都是从特写到全景这么走的。比如我们开车，我就写："我那会儿开车回去，大夜里，头顶一玻璃，脚踩一炉子……"那样写生动多了，整个是立体的。

窦文涛：语言是活的了。

王朔：比如下雪的时候，我怎么都找不出形容我在车里坐着，那个玻璃全结了霜结了冰从上往下掉——我里头开的热风嘛——的感觉。后来想到了，"前面杵一粉丝笼子"，特别像，准极了。

> 那个世界完全不同于这个世界，用这个世界的文字进行描写就像用方块字堆砌浮雕，把一座建筑还原为图纸，描来描去框立起一道透明的墙，千万色彩从笔画中倾泻在地，遗失在词句之外。
>
> ——王朔《致女儿书》

梁文道：这有点像什么呢？像以前那种由说书变来的小说。你看《水浒传》里面形容谁谁谁出来了，先形容他这个马凳子用什么，这马蹄又是怎么样，也是一个细节一个细节转上去。

王朔：到元杂剧的时候，形容特别准、特别美，后来就成陈词滥调了。说实话到贾平凹到金庸先生都是陈词滥调。

窦文涛：那《红楼梦》呢？

王朔：《红楼梦》是我的根儿，我初中看了五遍《红楼梦》。那时候毛主席说《红楼梦》至少看五遍，真好看！

窦文涛：是好，是好。（笑）

王朔：说实在的，后面张爱玲什么都不靠谱，琼瑶那就更别提了。《红楼梦》是中国爱情小说、全世界爱情小说集大成者。今天人民文学出的繁体竖排本，很多年轻人看不惯，我建议人民文学出一个平排本，就版心小点，把它的对话都一行行拉下来。你要写爱情小说，说实在的，你郭敬明要写爱情小说，别抄庄羽呀，你去看看曹雪芹曹先生怎么写的当年，一百五十年前的爱情小说。

北京话占据着政治强势

窦文涛：你说北京话怎么跟满族有关系？

王朔：它是以东北话为基础的，里头有很多满语。

梁文道：但问题是中国过去是不讲究普通话的，普通话的需要是一个国家建立了，而且现在有电话有声音了，要统一这个。过去统一文字就够了嘛，对不对？

王朔：我不知道，比如像康有为这种南海人，到电视台的时候，他说什么话啊？（笑）

窦文涛：像你说的这种北京话，我觉得太强大了。你感觉北京作家占便宜太多？

王朔：当然占便宜。

窦文涛：那广东方言有希望吗？

王朔：广东方言流传不过来。假如你是表音文字，那行，但恐怕国家要分裂。

梁文道：不过我有一个想法，我作为一个说广东话的人，我觉得今天中国各个方言里面，粤语是最有活力的。当然很多人说是上海话，但是不一样，差别在哪儿呢？上海话没有上海话的电视剧，没有上海话的流行曲——

王朔：《海上花》就是吴语。

梁文道：对，那是吴语。

王朔：但是解放后被管了。

梁文道：现在只有广东这一块地方，可能因为有香港有广州的原因，粤语还是有活力的，不断出新词儿。

王朔：您要叫我说一句不爱国的话，您那（粤语）干脆是外语得了。（笑）它里头好多宋朝文言，比如管警察叫“差人”、“差佸”，那不就是宋朝话吗？管钱叫“银纸”。其实陕西话里好多文言文，文言文就是口语变的。有一说法说客家话都是河南话，比如我写《我的千岁寒》，写慧能什么的，人家广东白话就是官话，秦朝时候说的是广东白话。

窦文涛：我们说夹生普通话，一直有个苦恼，老觉得那玩意儿是相声小品，觉得方言才有那种音乐感。

王朔：你看现在说小品的全东北人，因为他跟普通话接近啊。陕西什么王木犊的也不错，但你拿四川话说它就受限制。

窦文涛：它没法普及。

梁文道：其实所谓普通话跟方言的分别啊，在语言学上研究是站不住脚的，语言学上没有方言的概念，方言就是一种语言，它的区分实际上是一种政治区分，纯粹是政治上面我们需要有一个国家标准语才把它分出来的。过去所有国家的人都不会说一个标准语，19世纪末的时候法国能够说标准法语的人只占全国人口的三成。

王朔：英语原来是土话，诺曼公爵本来说的是法语，16世纪初莎士比亚才给攒成英语。意大利语原来就是一偏了口的拉丁语，最后被但丁写了，才成了正经八百的语言，它跟西班牙语非常接近。

窦文涛：从这些规律看，咱普通话将来什么前景呢？

王朔：它是政治上的强势，大家交流靠这个，官员都要讲这个话，媒体都要讲这个话。

窦文涛：写小说呢？

王朔：其实我们写的不是普通话，是把北京土话入进去了。北京土话从曹雪芹到老舍是有传统的，也不光老舍，张恨水就是北京土话。我说我们北京出一仨人的队，浙江出一仨人的队，我们出曹雪芹老师、老舍，还有我，（笑）他们出鲁迅、金庸、余华。

窦文涛：你说至少打一个二比零。

王朔：金庸可比不了老舍，他跟张恨水还有一拼。你武侠再怎么说是在华人圈里，老舍《骆驼祥子》正经八百在美国卖过，“文化大革命”就（因为）这个打死的。这就一比零！我比余华还是一个零吧，那就二比零！（三人大笑）我们北京还有人呢，王蒙、张洁、刘恒，你浙江就剩余秋雨了。

现代语言被污染了

窦文涛：我觉得很多人都困惑于这个，觉得眼前这套语言写来写去都像陈词滥调，但你又不能凭空——

王朔：所以啊“先锋文学”他们依赖的是翻译体，跟施蛰存（20世纪）30年代“新感觉”是一回事，只不过后面的翻译更流畅一点。

你看鲁迅那文字，其实挺疙疙瘩瘩的。

窦文涛：有人这么说。

王朔：我们占便宜，我不是说比人聪明，因为我接了地气儿了。北京的土话都可以入普通话，而且当年《新儿女英雄传》啊，老舍啊，已经把这个话推广到全国了，全国人看北京话——

窦文涛：都看得懂。

王朔：它有阅读经验，其他地区文学没有推广到全国。其实很多拿方言写作的，我看着费劲但我能看，非专业读者就不能看，看着累。

梁文道：张爱玲有时候也会用上海话，用吴语。现在的中文，我们常常说被污染了，污染这个概念不大准确，好像是说有些杂质混进来了，其实不是杂质混进来。我觉得现在语言的污染在于有些语言被官方化了，被陈腔滥调化了，用到了一个所有人都用的地步。有些字我真不知道什么时候开始流行的，我一看就头疼，比如一形容什么，就“一道亮丽的风景线”，（窦文涛大笑）这怎么回事？

王朔：你们港台话现在进入内地很厉害，流行歌曲带进来太多了。年轻人说的全是流行歌曲的话，像什么很“四海”，很“高竿”，很“拉风”，这都什么话？这些话已经进入我们汉语体系了。你别排斥人家，说实在的，你要有文化自信，外来语进来多少，比如“秘”是什么啊？那不就是英语的Miss嘛。

窦文涛：啊？我还刚反应过来，小秘——

王朔：飒秘。什么飒秘？很简单，英姿飒爽，这人有英气。我觉得你们曾子墨是自林徽因以后范儿最正的一个。

窦文涛：你说的“范儿正”指什么？

王朔：过去有句话：江浙人，北京话；新思维，旧传统。这是女孩子里的极品，当年他们说林徽因就这么说的。

窦文涛：（笑）林黛玉不也这路子的吗？

王朔：对，苏州人，北京话。林黛玉思想解放，但是从一而终，郁闷而死。那时候林徽因她们很多江浙人在北京读书做官的，那范儿，漂亮极了，书卷气极了，聪明极了，就上海人在北京长大的，严重靠谱。

窦文涛：这倒让我想起台湾眷村啊，其实邓丽君的音乐，你不能认为是台湾文化，她是南腔北调的。

王朔：她是（20世纪）30年代的流行文化。

窦文涛：你们小时候大院也是南腔北调的人。

王朔：我们不说北京话，我们说普通话，但不是我这种，是标准国语，不加北京土话。我们刚进北京城的时候，什么取灯儿啊，洋胰子、颠儿啊……都听不懂。取灯儿就是火柴，老北京话。我们不会说这种话。

窦文涛：你这么能侃，是不是也是小时候听周围人说话学来的？

王朔：我们周围全是坏人，（窦文涛、梁文道大笑）而且老师特别坏，老师逼得我伶牙俐齿。他老把我叫起来说你为什么这样？我怎么了我？我就跟他瞎贫呗。我就做小动作，顶多聊一天，你给我提溜起来，你们罪过不罪过，当着众人的面打击我的自尊心干吗啊，我是没让你们打击下去——

窦文涛：这事到现在都有，有些班里学习差的孩子——

王朔：他们成心打击学生自尊心，我要让你给弄颓了怎么办啊？（笑）

窦文涛：文道小时候也不是个好东西。

梁文道：没错。我特别想问一东西，刚才说到语言，我小时候在台湾听到一种国语，他们叫标准国语。台湾以前老演员有一个叫郎雄的，你们知道吧？

窦文涛：我知道。

梁文道：像他们说的那种话，我不知道现在什么地方还能听到。台湾没有了，因为现在本土化了嘛，大陆也听不到。

王朔：这是当年北平知识分子教员讲的那种文绉绉的话，他们书上也这么写，譬如林语堂、周作人，就用这种语言写。而钱锺书写《围城》，非常像美文小品里面抖点小词儿，是聪明文章，精致的淘气。他们那种话非常文雅，林语堂提倡的小品文就是这个。

窦文涛：这种话里边的节奏感音乐感跟你现在说的北京话——

王朔：不一样。我们是解放后粗鄙化了，共产党的阵营进来了，加上南城的话，加上天南地北乱八七糟的话，加上外来语，还有港台加在一起，现在你当然听不到那么纯的话了，根本就没那种语言环境，过去是教授和教授之间写文章，现在你写这个叫“酸气”。

语言不需要太强规范

窦文涛：你说这个根啊，我现在想我这个语言没有根。原来我在河北直隶长大，现在我就会说一普通话，你说你往哪儿找根去？往河北话找？

王朔：你以为我有吗？我不也被北京串了味儿吗？我这十几年跟最底层人混在一起，嘴里那“片滩话”多了。哪儿有语言？谁也不可能自己说自己的一套话，没人听得懂。你看历史上，日本话里有一种音同而训同，全是中国口音，江浙话。你比如……（日语），（笑）我学过点日语。可是日本反哺过咱们，近代好多词儿，科学、干部、哲学——

梁文道：警察。

王朔：全是日语。所以日本说咱们同文同种，排除他侵略我们的国耻感之外，那是对的。汉语圈，你看看，越南话里百分之七十都是汉语。我到韩国去，韩国、共产党、政府，（跟我们）都一个发音。

> 在中国近代新观念的引进中，由于日本对“西学”的译介远胜中国、大量中国学生留学日本、中日“同文”等诸多原因，使译自日文的书籍在甲午战争中国为日本所败后突然后来居上，迅速超过原来的中译西文书籍……服务、组织、纪律、政治、革命、党、方针、政策、申请、解决、理论、哲学、原则等等，实际全是来自日语的“外来语”。
>
> ——雷颐《新词与方言：“哇”声一片又何妨？》

窦文涛：所以我觉得语言啊，只能有中心，不能有什么规范。弄个标准什么的，都不是事儿！

梁文道：语言的确不需要有一个太强的规范。

王朔：我觉得政府公文要规范，是吧？文件要规范，法律要规范，我民间文学小说你让我规范什么呀？

梁文道：有时候研究一下语言流变的历史，比如我们说话腔调的变化，你看到的就是整个文化混杂的历史，没什么所谓纯不纯正这回事。我不喜欢追究一个文化所谓的本源是什么，因为它没有不变的系统，它的本源在哪儿？没有，它一直在换，在变。刚才讲日本怎么样影响了现代中国，其实何止影响了语言，还影响了世界观。比如我们最喜欢讲的一点，中国文化的本质是什么？但就连“文化”这个概念这个词，过去中国都没有。你回过头看中国历史，明朝有没有人写过“文化”这东西？没有。什么叫文化？我们今天讲文化可能是指艺术、建筑、音乐、文学，但过去中国不会把这些东西放在一个叫“文化”的范畴里。所以连文化这个概念，这种看世界的方法，我们都是现代才学会的，是通过日本人学回来的。

王朔：我们实际是向日本学习着在进步。你知道咱吹牛×最大一个牛×是什么吗？长城。最近不是评新七大古迹嘛，咱中央台自己播的，鼓励大家投票把长城选进去。在新七大奇迹里，只有一个金字塔是（真的），人家五千年前修的啊，您四百年前修的明长城怎么可能是奇迹？您把砖码得长那叫奇迹呀？古代奇迹有，亚历山大灯塔、巴比伦空中花园……那是建筑上必须有特点的。

政治人物没品位太可怕

窦文涛：最近我有一遭遇，正好去了台北故宫，很快又去了北京故宫。我就想起——别以为中华文化就现在这大辫子戏，大红大紫的。北京故宫重新翻修了，一去我还有点不适应。我一看——

王朔：完全进地主家了，呵呵。

窦文涛：跟戏台似的，新齐齐的。

王朔：修的是炕！

窦文涛：但后来我一想，它当时新的时候就是这样呀。然后你在台北故宫看北宋的文物、汝窑这些展览，哎呀，这种雨过天晴云破初，那么一种美感，不一样。

梁文道：搞政治的人啊，不懂品位是很可怕的事。我有一回看回忆录，德国魏玛共和的时候，他们冲击普鲁士皇室，有一带头人写回忆录，有一段话令我印象深刻。他说一群柏林市民冲进了普鲁士皇宫，进去之后很惊讶，看着这个皇宫金碧辉煌，但怎么那么俗气，墙上挂的不是什么大师的名作，都是他们自己那些皇后的画像，那种结婚照什么的。后来他就想出一个东西，这种没品位的人当皇帝太可怕了，可怕在什么地方？在他眼中世界上没有好坏分别，他是什么都可以毁灭。

王朔：中国人老传一什么话，说我们为什么古迹没有了，只剩一赵州安济桥，是因为我们是砖头的，人家是石头的，所以我们能烧，他们不能烧。

窦文涛：我们是木建筑，保存不下去。

王朔：其实你到欧洲一看，罗马全是砖头的。人家从罗马破国以后没再烧过城市，中世纪一千年教皇统治没再烧过教堂，最多抢点东西，希特勒占领巴黎也没烧。我们是三百年一烧啊。

窦文涛：咱这历史是杀人放火呀。

王朔：圆明园英法联军哪儿烧得光呀，那都是后来抬回家修园子了。北京城墙我小时候都有，（唐山）地震盖地震棚才彻底把城墙搬空。圆明园里面那些石头怎么可能烧了，就是有钱人修园子从里头抬回去，把木料全拉走，搬了一百多年给搬走了。

清亡后数十年，圆明园遗址里的方砖、条石、石料、汉白玉雕刻等，纷纷被军阀官僚运走修建私园和陵墓。日占时期，园内部分遗址在“奖励农业”口号下被平山填湖，改为水田。1975年以后，各单位在园内大量砍树填湖，修建工厂、养猪场、养鸡场，圆明园遗址原有山形水系和残存的古树植被彻底消失。

写电视剧是一体力活

窦文涛：行了，这史学界你祸害了一下，咱扯点别的话题成吗？昨天我还看你以前写的一篇文章，说有过一段很拧巴的经历，就是搞电视剧。你自己也承认那时候多少有点想挣钱，或者想借电视出点名。但是一有了“观众”这概念，弄起来好像觉得很不舒服。

王朔：写电视剧实在太辛苦，是一体力活儿。你想一集写一万五千字，十集就十五万字。那会儿我和王海鸰、乔羽仨人写《爱你没商量》，四十集六十万字，让我们俩仨月写完。一集两千五，那时候是最高价，张和平给我们的。最后给我写残了，写恶心了。

窦文涛：写残能到什么状态？

王朔：看到就恶心。

梁文道：就不想写了。

王朔：不想写。一天写一万字，我后来这么长时间不写东西，就那次给写恶心了。

窦文涛：跟我主持节目一个感觉。

王朔：我有话我什么时候不能写啊？过节放鞭炮过节放电影，我不能过节给你们扯这个！我当时就说我不能干这事儿，这什么呀？后来把这事儿交乔羽了，从此我不写电视剧。而且电视剧特别讨厌，它是满足老百姓的，你得按照主旋律来，老百姓的价值观是好人必须有好报。《爱你没商量》为什么不太成功？给宋丹丹这腕儿有点伤了，就是宋丹丹瞎了以后，她又生气。可老百姓喜欢的是刘惠芳，有多大苦扛着，其实你们丫谁扛过呀？我眼睛瞎，我都不能生气呀？但是他就觉得这孩子不善良。我对虚伪的道德说教特别讨厌，我不侍候你。

窦文涛：咱们通常有一印象，感觉搞电视剧或搞节目的脑子里都装着观众，感觉艺术家就是为了自己。可是后来我接触了一些画家，我发现他们其实也挺有心机的，好多人都看着市场流行什么我给你整个什么。你写小说的时候，真的就——

王朔：不考虑，因为我没法考虑，我知道你们是谁呀？你们不就是张三李四王二麻子吗？你们有统一概念吗？电视剧有，比如家庭妇女，她们有统一爱好——其实也被长期训练的，根本不是自己有爱好。

窦文涛：这是催眠下的结果。

王朔：延安文艺座谈会上叫典型人物"三突出"，到我们那时候还这样。大部分老百姓是这种心理。当年葛优他们出来的时候，群众里有坏人，给上面写信，说怎么不是主要人物是次要人物和第三类人物当主角？电影局有帮搞审查的老艺术家，是那时代过来的人，人都是环境产物嘛，他那时候看的是样板戏，样板戏说实在的价值观正确，表现手法极端，现在可称为“表现主义”吧。我们写之前，先统一思想，先看老百姓想干吗，老百姓不就渴望真善美嘛，（大笑）然后弄一苦瓜蛋子，就完了。

梁文道：美国电视剧那种编剧方法，是一帮人先作市场调查研究，现在有什么样的观众需求？想看什么？

王朔：对，我在洛杉矶碰上过，请你去看电影。他们制片人、导演没有剪辑权，拍完片请不同种族的人、不同文化背景的人去看，看完以后根据这个改。他那基础咱这儿没有，美国几十万编剧，我在大街上两次人跟我搭话，全是作家，哈哈哈，作家太多了。

窦文涛：（笑）扔块砖头砸一作家。

王朔：他可以找台词的编剧、剧情的编剧、抖串儿的编剧，咱们哪儿有人呀？总共出来这些小孩，立刻给广告写了。

梁文道：所以他们影视发达是有原因的。我在香港看到很多人在那儿自豪，说《无间道》被马蒂史科特改成《无间道风云》——

窦文涛：得奖了，是吗？

梁文道：对，得奖了。大家说你看香港电影威风啊，给人改编之后得奖了。甚至还有搞影评的朋友说这证明好莱坞现在创意缺乏了，要改编港产片了。我说你小心点，你看一下它得的什么奖？四个奖里有一奖很有意思，“最佳改编剧本奖”。这个奖有意思在哪儿？表示奥斯卡奖不是什么艺术家，是工业家，它表扬的是美国最高的工业水平，这个工业里面有一专门行业叫改编。

王朔：香港人真叫没见识，美国哪儿有创新？它好多片子全是扒法国的，《一个男人和三个婴儿》全是扒，好不容易瞧上你扒了一个你有什么美的呀？

梁文道：（笑）对，它厉害的地方就是能改编。改编是一个很专门的行业，还不只是电影改编电影，还能小说改编电影、歌舞剧改编电影。

王朔：他还扒过我的呢，我的《一半是海水，一半是火焰》，拍《钢琴课》那男的还拍过呢。他们扒过我，钱都没给我。（笑）德国还有扒《绿帽子》的，这电影不是得过奖嘛，新拍一遍最合适。他们当然超级自信，觉得你们这种东方民族拍了也白拍。

梁文道：还不如我来给你拍。

王朔：对，法国他都不在乎嘛。

窦文涛：他是各行各业都达到了一个最大专业化。

王朔：假装到好莱坞发展？你李连杰是一大星是吧？我这儿缺大星。你章子怡我用用你，就跟我们用特长演员似的。

窦文涛：（笑）特长演员？

王朔：打两年，您不卖了，对不起，走人。我们主流电影不是您，您就一作料，行吗？

王朔在上世纪90年代的电视剧热潮中功不可没。他策划创作的电视剧《渴望》《编辑部的故事》《过把瘾》等，均创造了当时收视率和观众反响的双料奇迹。

窦文涛 ：要不说咱国家发展不平衡啊。一电视剧甚至一电视台都这样，比如有几个人才，但它不匹配，化妆行了，道具未必行；这个行，那个未必行。

梁文道 ：不专业。

窦文涛 ：你对骂人话或者所谓脏话怎么看？

王朔 ：我觉得它表达真实状态。大家都别当伪君子，真的。你看美国电视，Fuck、Fuck的，谁说他文明低？他写一流氓就得说这话。像《绿帽子》上来就“你妈×”，演员全真实了，你不可能不真实你骂人的时候。你写的是一抢劫犯，你让他文质彬彬，“你好”，那是骗子！（大笑）

窦文涛 ：这要是流风所及了，是不是咱这社会人与人之间都这么聊天——

王朔 ：谁受电影影响啊？我们那时候电影多干净啊，我们最坏。

梁文道 ：我就想说这个，这是个很错误的观点，是一个非常过时的传媒学观点，认为老百姓都是傻的，看电视电影演什么他就信什么他就学什么，你说这可能吗？

王朔 ：我告诉你一最简单的例子，咱“文化大革命”多干净，一句脏话没有，社会多坏呀，多少青少年犯罪，我那时候都进公安局了。

窦文涛 ：十五岁进公安局。（笑）

王朔 ：我那脏话能跟电影上学吗？我们讲话，生活比戏牛，谁跟你学呀？

灵魂是携带信息的原子

窦文涛：我现在问点我个人好奇的事儿，就说你的科学研究——

王朔：我不是科学研究。什么叫是法平等呀？科学、基督教，甚至电子游戏、黑客帝国，都是追求宇宙本质的真理，没有高下。

窦文涛：都是平等的。

王朔：因为宇宙从圆点出来，它是离心出来的，我们追求回去一定是向心的。

窦文涛：比如说战场上死那么多人，你打死的人，他坠着你，是个能量守恒的关系？

王朔：能量既不会凭空产生，也不会凭空消失，它只会从一物体转移到另一物体。你把人打死了，能量打不了，能量去哪儿？就在你身上背着，是一反转儿。

窦文涛：要是唯物的话，他不就变成原子又转化成其他的东西了嘛。

王朔：能量在那儿呢！这股能量变成原子了，你看不见，但它跟着你呢。所以日本人打完仗要在战场上祭奠亡灵，让他安心哪。

窦文涛：能量也包括心理层面和意识层面吗？

王朔：当然了。宇宙有意志，你不管叫上帝也好，叫宇宙意志也好，它是有。我们叫人法地，地法天，天法道，道法自然。自然是什么？自然有个自然律，你人扭不过自然律。你在自然律进程中你想反自然你门儿都没有。

窦文涛：这能证实吗？

王朔：当然能证实，你们谁反过自然啊？我跟你说，你看一颗原子的生存力，它从固体到液体到气体，每一千万年在地球循环一次。

人是原子塔，在这个循环里，人才多少年呀？你别以为您一千年就叫万古流芳了，别吹牛了。

梁文道：你现在到底在研究什么东西？

王朔：我什么也没研究。我只是——

窦文涛：我讲个学名：终极问题，从哪儿来到哪儿去。

王朔：我当然关心我从哪儿来到哪儿去我为什么在这儿。

窦文涛：你现在说死后要把遗体捐出来，讲老实话我也有过这想法，可我有点五迷三道，就是万一某种说法是真的呢，比如说人死之后，得停二十四小时，因为还有知觉，如果这时候你挪动他的身体，他会感到极度痛楚——

王朔：那叫胡说八道，中国人的迷信。你看过《西藏度亡经》吗？人死以后，我打个简单比方，融化在音乐里。人只有一个意识，在音乐里，死后就这感觉。

窦文涛：有意识？

王朔：但你没人格记忆了，几分钟之内忘记自己是谁了，人格没有了，因为人格是后天形成的。所谓释迦牟尼佛说的“明心见性”，见的就是这个本性。但还没把话说到底，物质也会湮灭的呀，物质要怎么湮灭？遇到自己的反物质。谁是你的反物质？敌人就是你的反物质，彰显你的缺点，你和缺点同归于尽，互相湮灭，变成一对光子奔向光明。你只有变成光子，每秒三十万公里，你才能脱离地球这个场。

窦文涛：这是你的战斗哲学。（笑）

王朔：事实如此。我们全被重力场拘在这儿了，直到地球崩溃那一佛教是讲生死问题的。涅是什么啊，就是能量圈，人死后会回到物质状态了，物质也会湮灭的，物质湮灭以后变成光子，光子湮灭以后变成辐射，辐射是能量。这就是宇宙真理。我们都在这个循环中，根本没有什么，昙花一现而已，别再自己吹牛了。

——王朔

天，变成白矮星、红绿星，一崩溃，物质湮没。

窦文涛：灵魂是什么？

王朔：灵魂是携带信息的原子。

窦文涛：原子怎么能携带信息呢？

王朔：当然了，你电脑芯片是什么呀？原子能携带海量信息，你以为谁来携带信息呢？

窦文涛：这就是所谓生生世世轮回转世。

王朔：当然了……

张爱玲一生连「小团圆」也没做到

许子东

张爱玲写作最出色的一段时期，恰恰是跟胡兰成在一起的。跟胡兰成分开以后，她的创作就一落千丈。

张爱玲五十多岁在美国，对胡兰成早就绝对“死灰”了，可是她照样能够回想起二十多岁时缠绵细密的情节，这真是艺术家。

她妈妈占有了她所有的梦想：年轻、漂亮，有外国男朋友、有新文化，教她弹钢琴、礼仪。西方所有文明、科学，所有新的东西都是她妈妈教她的，可她偏偏就恨她妈妈。

窦文涛：锵锵三人行！查老师，好久没见了，今天你跟许老师，一个是上半身红，一个是下半身红——

查建英：对暗号来了。（笑）

窦文涛：而且许老师从香港过来，急急如律令，带来一本书，就是张爱玲的《小团圆》。许老师拿来之后，我拖着这个严重的病体呀，从昨天夜里一直看到今天，才看了一开头，看中央文件我都没这么认真。

许子东：别从开头看，从第四章开始看。

窦文涛：我主要先看了一下序。这本书本身就是传奇，压箱子底的。张爱玲什么人大家都知道，不知道的话，《色戒》之后也都知道了。胡兰成和张爱玲这一场恋爱，我觉得好像注定为了给咱拿来反复研讨阅读的，对吧？这场恋爱，胡兰成在《今生今世》讲得那个体贴入微，反正写得——

许子东：花好桃好。

窦文涛：“岁月静好”，一场如花如月的事情。但是据说张爱玲方面一直保持缄默。

查建英 ：对。

许子东 ：从来没说过。

> 是年我三十八岁，她二十三岁。我为顾到日后时局变动不致连累她，没有举行仪式，只写婚书为定，文曰：
> 胡兰成张爱玲签订终身，结为夫妇，愿使岁月静好，现世安稳。
> 上两句是爱玲撰的，后两句我撰，旁写炎樱为媒证。
>
> ——胡兰成《今生今世》

张爱玲写作出版《小团圆》的心情十分矛盾。1992年她写信给宋淇夫妇，称“小说要销毁”。一年后，又说“一定要尽早写完，不会再对读者食言”。最终，这部遗作在她辞世十四年后推出，轰动华文世界。

《小团圆》颠覆了“张学”

窦文涛 ：这一对曾经的情侣，也可以说是怨侣，我查考了一下死日，1981年胡兰成死了，1995年张爱玲在洛杉矶公寓死了。她的友人按照她的遗愿，把骨灰撒进太平洋。在她死了之后，有人提着好多个箱子，里面都是张爱玲的遗稿，这本小说就是一直压箱子底的，压了几十年。本来张爱玲给友人写信，说要把这个小说销毁，但是为什么到今天违反了她的遗愿又出了这本书，这个咱们暂且按下不表。许老师你先讲讲，为什么这本书让你肾上腺素如此分泌呢？

许子东：我2008年春天在上海艺术人文频道讲了八集张爱玲，就像《百家讲坛》那种形式。讲完以后，复旦大学出版社一直要帮我出书，我就在后面加了很多注解，把它变得学术性一点。但是《小团圆》一出来，把我那本书颠覆了，很多细节要重写呀。

窦文涛：怎么讲？

许子东：因为我原来的整个研究是根据张爱玲的作品，以及其他人的一些回忆，包括胡兰成《今生今世》等。现在她提供了“罗生门”的另一个版本，很多事情的解释本来从她这个角度是空白，可以去想象，现在不空白了。比方胡兰成说两人分床而睡，第二天一早他去看她，她搂着他的脖子，叫一声“兰成”……那是胡兰成的描写。现在她里面也有这段，也有这样的拥抱，但是她心里的感受就完全不一样了。这对整个现代文学研究界都是一件大事。

> 是晚爱玲与我别寝。我心里觉得，但仍不以为意。翌朝天还未亮，我起来到爱玲睡的隔壁房里，在床前俯下身去亲她，她从被窝里伸手抱住我，忽然泪流满面，只叫得一声“兰成！”这是人生的掷地亦作金石声。
>
> ——《今生今世》

> 次日一早之雍来推醒了她。她一睁开眼睛，忽然双臂围住他的颈项，轻声道：“之雍。”
>
> 他们的过去像长城一样，在地平线上绵延起伏。但是长城在现代没有用。

她看见他奇窘的笑容，正像那次在那画家家里碰见他太太的时候。“他不爱我了，所以觉得窘，”她想，连忙放下手臂，直坐起来，把棉袍往头上一套。

——《小团圆》

窦文涛：而且有些东西以前还没见张爱玲这么写过。我昨天晚上使劲翻，床上戏都出来了。所以有人甚至说，李安大概偷看了这本书，《色戒》恰恰是非常精确地讲了张爱玲肉体关系方面的事。

许子东：它里面最露骨的那一段，李安没那么拍。最露骨那一段——

窦文涛：这段话许老师画了圈。

查建英：你们看的方法就像我们当年看《金瓶梅》。小时候只看过洁本，后来上大学，北大留学生有一全本《金瓶梅》，大家只能有很短时间来看，所有人阅读都是直奔主题——“黄段子”，一夜看完，马上下传。

窦文涛：说到这儿，我还要向石家庄图书馆郑重道歉。在我的中学时代，因为我们生活在极不人道的、极度性压抑的环境之下，搞得我们这些学生啊，见到革命小说里任何一点有关于性的描写，都爱不释手，大家传抄。所以当年我在石家庄图书馆借小说看的时候，偷偷地把一些相关的段落给撕下来了。（大笑）

查建英：真不道德，不道德。（笑）

许子东：《苦菜花》里有一段，其实讲起来真是不应该，讲日本鬼子怎么虐待我们民众……

窦文涛：（激动）许老师，我撕的就是这一段，怪不得我们一天生日，怎么咱俩一个爱好啊！

许子东：（大笑）我看到《苦菜花》那一页卷起来的。上面画画画，然后还批点：鬼子可恶！

窦文涛：没错！鬼子可恶啊，拿钢针扎进我们母亲的乳房……但是因为我们当年极不人道的性压抑，导致我们这些青年学生看到这一段，居然起了荷尔蒙。

查建英：因为它至少触碰了乳房。

窦文涛：对啊，以前连乳房也见不着，只能见自个儿妈的。

许子东：以前都觉得张爱玲写性是非常含蓄的，水晶曾经表扬过《红玫瑰与白玫瑰》写性，说男女一握手，那个女的肥皂泡沫流在男的手上，他就觉得肥皂泡沫在吸吮他的手指……很多人圈圈点点，说你看张爱玲写性——

查建英：哎哟天哪，我听到这种简直就是受不了。

> “嗳，你在做什么？”她恐惧地笑着问。他的头发拂在她大腿上，毛毵毵的不知道什么野兽的头。
> 兽在幽暗的岩洞里的一线黄泉就饮，泊泊的用舌头卷起来。她是洞口倒挂着的蝙蝠，深山中藏匿的遗民，被侵犯了，被发现了，无助，无告的，有只动物在小口小口地啜着她的核心。
>
> ——《小团圆》

“胡四招”俘获女人心

窦文涛：这本书为什么当时她的朋友们不想让它出版，张爱玲也想把它销毁呢？当年信上说得明白，太容易让人对号入座了！周围朋友都知道她里头说的是谁。张爱玲是当一个自传体小说写的——虽然她不爱这么说，而且还尝试改。我发现有些人的恋爱连一个细节都成为公众话题了。比如说《滚滚红尘》拍秦汉拜访林青霞，那就是胡兰成看了杂志上发表的张爱玲小说，到张爱玲住的地方去看。你说两个人有缘，有时候非常巧啊。有一天胡兰成说明天有事不来了，张爱玲那天就突然想拉着一个女朋友到一画家家里去看画，到那儿一看，胡兰成在。其实是胡兰成带着太太——这里面还说胡兰成那时候的太太是一个歌女，还挺漂亮——在那儿打麻将。然后因为这个事，胡兰成挨了他太太一嘴巴。

胡兰成（1906—1981），1944年与张爱玲结婚，1947年两人仳离。他晚年出版《今生今世》，详写自己生命中的八个女人，其中“民国女子”一章成为“张学”研究的重要资料。

许子东：我在讲座里总结过“胡四招”，你看《今生今世》就知道，胡兰成是五六个女的百战百胜。大家都对他这么好，而且都给他钱花。我当时总结胡兰成的“四招”第一招就是甜言美语。他的甜言美语不是一般的，你看他写张爱玲一来，“惊不是这样惊法，艳不是这样艳法”，“世界要起六种震动”。后来他看到小周护士，说小周就像“江边新湿的沙滩，踏一脚都印出水”。然后是那个陪他下乡的四十多岁的寡妇，也是大篇歌颂，牡丹啦、玫瑰啦……一大堆。说女人爱听的话，这是第一招。第二招，他马上结婚。胡兰成的结婚概念跟我们现在略有不同，他是一夫多妻制的。

窦文涛：基本上照我这个非常低俗的理解，就是说老聊天不行，该上床了。该上床的时候怎么办呢？就说我不想光跟你恋爱，我想跟你结婚。张爱玲一开始不明白，那时候二十几岁的小姑娘嘛，说你没离婚怎么结婚呢？哦，后来若有所悟，原来胡氏的结婚——

查建英：就是上床，是这意思吗？

窦文涛：不，不是，是说不离婚咱也结婚。（笑）

许子东：胡兰成还真这个意思。那个四十多岁的女的陪他下乡，一路照顾他嘛。后来《今生今世》里这样写，说我对她实在感激，无以回报，只能以身奉献，行男女大礼。

窦文涛：他管这叫男女大礼？

> 她的人蕴藉，是明亮无亏蚀，却自然有光阴徘徊。她的含蓄，宁是一种无保留的恣意，却自然不竭不尽。她的身世呵，一似那开不尽春花春柳媚前川，听不尽杜鹃啼红水潺湲，历不尽人语秋千深深院，呀，望不尽的门外天涯道路，倚不尽的楼前十二阑干……十二月八日到丽水，我们遂结为夫妇之好。这在我是因感激，男女感激，至终是惟有以身相许。
>
> ——《今生今世》

许子东：他就叫男女大礼，他觉得这是奉献。所以第二招就是婚姻，一上来就结婚。第三招是什么呢？花女人钱。他结婚以后，花女人钱哪，女人很开心，觉得你不把她当外人了，完全自己人呢。

窦文涛：是吗？怎么没人让我花钱呢？（笑）

查建英：胡兰成后来不是跟小周好了吗，实际上当时跟张爱玲已经结婚了，他跟张爱玲怎么解释呢？说我是“客己待人”，咱们俩是自己人，她是外人、客人，我当然要照顾她了。

许子东：小周问他结婚要办仪式的时候，他就说我和张爱玲那边还没办仪式呢，不能先跟你办。

查建英：他矫情的时候都矫情得特有文采。

许子东：等到日本投降他要逃难的时候，就把小周叫过来，说你等着，我现在有难了，中国古代夫妻啊，男的逃出去十年二十年，女的在家里等着，常有的事。结果小周还真在那儿等着。他就这么逃走了。还有第四招：坦白。他跟一个女的好，马上把前面几个女的一一告诉她，他绝不隐瞒，不偷偷摸摸。他就告诉你，你看我第一个老婆是这样啊……而且他不说别的女的不好，这点是胡兰成跟人家不同的。

查建英：对，哪个都好。

许子东：一般人泡妞，一上来就说自己老婆不好，自己以前怎么挫折。他不，他说以前桃花柳花，但是现在呢，你更好。我当时推理啊，为什么女的吃这一套呢？女的都想成为男的最后一个，男的都想成为女的第一个。

查建英：我觉得这里面还有一个时代的不同。其实要说欧洲最有名的开放式婚姻就是萨特和波伏娃，两个人也很坦白。萨特告诉她，我后面还有小姑娘呢。波伏娃也很开放啊，她说我接受，还给他介绍过女朋友。但同时波伏娃自己也找情人，也不隐瞒萨特，而且她和美国作家的情书都出书了，两个人就拉平了。但是你说波伏娃她心里没有所谓小女人的那一面，她也有——

窦文涛：都有，都很痛苦，都有人的一面。这不光是礼教的问题，看看动物界你就全明白了。

查建英：没错，就要有占有，独占。

窦文涛：过去我在男女方面困惑不解，后来我去了一趟肯尼亚，看见一群羚羊啊，好家伙，我发现我就全明白了。一个公的羚羊旁边几个母的，十米开外又有一公的，然后那母的就冲人家看，往那边去，公的就"咚咚咚"把它圈回来，忙啊。我一看，全明白了。

惊为天人？实为女人

许子东：根据胡兰成的描写，张爱玲是一个很超脱飘逸的女子。他说他到了武汉跟小周护士好，回来就告诉张爱玲，张爱玲也没说什么。可是你看这本书，很简单，张爱玲就是一个普通女人，她那个嫉妒、那个恨哪，那个——她又离不开。她就想，怎么办呢？不想失去他，该怎么办？总而言之，非常多的嫉妒。还有几个场面也是原来没有出现过的，比方说一直以为胡兰成吃软饭吧，可这里面讲了，女主角跟男主角说，我欠我妈妈的钱，我妈妈一直照顾我、第二天这个男的就拎了一箱钱给她，她觉得当时收不好，但是她想我要还我妈妈的钱，就收下了。

查建英：当然这是小说细节，但可能是真的。

许子东：另外她非常在乎婚姻，一直盯着我们的问题怎么办，然后这个男主角同时给她两份离婚启事——他原来有两个女的，把两份离婚启事放在她面前，然后这个女的就忍不住乐。这真是一个很普通很实在的女人。

窦文涛：其实我觉得啊，胡兰成也不是一个大多数人能理解的人，对吧？他自有他的妖媚之处。胡兰成写张爱玲，他就惊为天人嘛。但是你看了张爱玲的心理呢，你就觉得——

查建英：实为女人。

窦文涛：对，她就是一个女人的心理。

许子东：这里面有一段非常典型的对话，男的看着女的脸说，你脸上有神光；女的就说涂的护肤油。两句对话非常精彩。

查建英：说明性格。我觉得他们两个的差别也很有意思。实际上张爱玲一直是一个大家闺秀，没有什么男性的经历，胡兰成等于是她碰到的第一个（男人），而且正当年，三十八岁是男人最好的时候，要脑子有脑子，要体力有体力，一匹好马。

窦文涛：一匹好马，哈哈哈。许老师俨然是老马了。

查建英：对，真的是，胡兰成到后来（怎么样）那咱不知道，这个时候正当年，那真是上帝的一个礼物。《今生今世》里有个我们以前不注意的小细节，很短一句话——你看胡兰成就是采花大盗、老手，他跟张爱玲一起散步，刚见面两次还是三次，他说了一句，说你的身材这样高，这怎么可以？张爱玲马上就大红脸。这其实是一个动物在打量，打量咱们俩身材般不般配，其实已经是直指性事了。

窦文涛：噢，是琢磨体位的问题。（笑）不会吧，庸俗化的理解吧？不能因为我们个人的趣味把人家张爱玲小说给歪曲化了。她自己讲她写这个小说其实并不是为当年的爱情算旧账，照她的话说，她是真想写一个小说，写出男女感情的百折千回，然后在这个惊涛骇浪过后，她用了一句话，叫“总还是有点东西在”。

> 她从来不想起之雍，不过有时候无缘无故的那痛苦又来了。威尔斯有篇科学小说《摩若医生的岛》，写一个外科医生能把牛马野兽改造成人，但是隔些时候又会长回来，露出原形，要再浸在硫酸里，牲畜们称为“痛苦之浴”，她总想起这四个字来。有时候也正是在洗澡，也许是泡在热水里的联想，浴缸里又没有书看，脑子里又不在想什么，所以趁虚而入。这时候也都不想起之雍的名字，只认识那感觉，五中如沸，浑身火烧火辣烫伤了一样，潮水一样地淹上来，总要淹个两三次才退。
>
> ——《小团圆》

胡兰成有情无义

许子东：非常耐人寻味。你想想，1975年咱们这儿是“文革”快结束，她在美国还是全心意地沉浸在她的二人世界——和一个男人，和她母亲的这种很复杂的关系里。

窦文涛：她给朋友写信，管那个时候已经跑到台湾的胡兰成叫“无赖人”，说这个书要一出版，那个无赖人可又得了意了。这就说明她晚年对胡兰成是个什么印象。她的朋友说，那个无赖人要是看了这本书，更加要扬扬得意地写文章，说我原来跟张爱玲如何如何……胡兰成真是这样一个人吗？

查建英：我觉得是。

许子东：他的《今生今世》就是那种沾沾自喜，你已经这么伤害人家了，保持沉默就行了。相比之下桑弧就是另外一个例子。

窦文涛：桑弧当年也跟张爱玲好过？

查建英：好过，但是从来没得到证实。

许子东：桑弧自己没说。说起来很有意思，她小说里的“燕山”，现在宋淇指出了，就是桑弧。而且从书里看出来，他们关系很深的。中间有一段，胡兰成在她房间里，桑弧打电话来，女主人公一接电话，只觉得电话里面像列车一样“轰轰”响，她的两个世界要碰撞了……很文学性的写法。但是这个关系从来没有披露过，桑弧最后两部电影《邮缘》跟《女局长的男朋友》都是陈燕华[1]做女主角，我们那时候还去问过桑弧这个事，但是桑弧从来不说。

桑弧（1916—2004），原名李培林，艺名“桑弧”源自一句古诗：“当年蓬矢桑弧意，岂为功名始读书。”桑弧1946年与张爱玲结识，邀请张为其创作剧本《不了情》，后自任导演拍成电影。此后，两人又合作了《太太万岁》《哀乐中年》。桑弧对与张爱玲的这段情，终生保持缄默。

[1] 陈燕华为许子东夫人。

查建英：这是个男人！胡兰成在这点上，我觉得他是大尤物，他有非常高超的手段跟身段，但是他的品格真的不高，我觉得属于有情无义。

窦文涛：但是我也受陈丹青老师一些影响，我觉得也不要贸然评价别人的人格，人格的问题不太好说。你说胡兰成就一定人格不好吗？他喜欢女人，或者多找几个女人，就是人格不好吗？

查建英：喜欢女人很好，人格还是有问题。

窦文涛：而且陈丹青不是说吗，像这种出轨的行为，很多人都有，对吧？但是胡兰成是个诚恳的人。

影射张在美国堕胎

窦文涛：这本书为什么叫《小团圆》呢，许老师？

许子东：前面宋淇有一个界定，说一般“大团圆”就是家庭美满，事业成功，子孙满堂；她呢，家庭又不圆满，事业又不成功，男的还到处逃，女的也很不幸，所以她的意思是说连“小团圆”都做不到。讲到胡兰成，其实阿城也有一个看法很中性，他说胡兰成是中国文化的一笔财富，胡兰成的文字好。我讲过胡兰成找女人有“四招”，我对那些做法不敢苟同，但是有一个现象值得讨论，就是张爱玲写作最出色的一段时期，恰恰是跟胡兰成在一起的。我们不能够说是因为胡兰成张爱玲才写出这么好的作品，因为张爱玲最好的几篇在认识胡兰成之前已经出来了，比方《封锁》《倾城之恋》，但她接下来跟胡兰成在一起的这段时间，创作真的是非常丰硕。而跟胡兰成分开以后，她的创作就一落千丈了。

查建英：她自己说过，说我从此将只有凋谢了。

许子东：感情生活也连带着创作生活凋谢。

窦文涛：连着的，女人往往是这样。

> 你是到底不肯。我想过，倘使我不得不离开你，不会去寻短见，也不会爱别人，我将只是自我萎谢了。
>
> ——张爱玲写给逃难中的胡兰成

查建英：当然连着。而且她之后碰到的男人非常老，我觉得她真是有点红颜薄命，她后来碰到一个比她大三十岁的——

窦文涛：是外国人吗？

许子东：德国左派。

查建英：美国人赖雅，一个过气作家，身体又不好。张爱玲后来在异国生活艰难，偏偏遇到一匹病马老马，从这点上来说，她真是不幸。她要完全负担这个老丈夫——

赖雅大张爱玲二十九岁，两人婚姻持续了十一年。最后四年赖雅中风卧床，全靠张爱玲照料养家。1967年10月，赖雅去世。张爱玲终生以“赖雅”为夫姓，冠于自己英文名字之前。

窦文涛：还打过胎。她朋友担心，说你怎么把在美国打胎的事也写了，而且就几百美元啊，长了都四个月了，从外面找来一大夫，翻江倒海的痛，最后看着抽水马桶里十英寸高的一个男婴，恐怖到极点，冲下去。

许子东：作为艺术家，她这种写法效果绝了。你知道她这段穿插在哪里呀？穿插在跟胡兰成刚刚开始热恋还没有结婚的时候，"啪"一段意识流，十几年后在纽约打胎，看着自己的婴儿在抽水马桶冲下去……然后再回到恋爱场面，说一句话"女人总是要拼着命的"。

窦文涛：从结构上讲我觉得这真是惊为天人的地方，蒙太奇，第一个镜头是跟胡兰成——咱不叫胡兰成，小说男主角啦，说跟男主角拥抱的时候，看见家里门框上一只木头雕的鸟；然后"咣"一下就多少年之后在纽约打胎，看见抽水马桶里那个十英寸高的男婴，她突然想起，这不就是那个门框上雕着的鸟吗，一下子闪回。

> 夜间她在浴室灯下看见抽水马桶里的男胎，在她惊恐的眼睛里足有十寸长，笔直的倚立在白磁壁上与水中，肌肉上抹上一层淡淡的血水，成为新刨的木头的淡橙色。凹处凝聚到鲜血勾画出它的轮廓来，线条分明，一双环眼大的不成比例，双睛突出，抿着翅膀，是从前站在门头上的木雕的鸟。
>
> ——《小团圆》

张对胡甚至起了“杀念”

许子东：有这么一个场面，写他们快分手了，胡兰成从温州回来，还在常德公寓住一晚。《今生今世》里也有描写，说两个人睡在一起很不愉快。张爱玲描写，她看着他洗澡时金色的背脊，几乎起了杀意。我感兴趣的是，艺术家真是了不起，那个时候张爱玲在美国五十多岁了，对胡兰成早就绝对“死灰”了，已经叫他“无赖人”了嘛，可是她照样能够回想到二十多岁时缠绵细密的情节，这真是艺术家。一般女人到五十多岁，几十年前伤透你心的这么一个冤孽，你还能记得吗？

窦文涛：这会不会是一个女人终生的胸口的痛，甚至到了晚年都缱绻不去？谁让她在年轻时候碰见这么一场恋爱。

查建英：我觉得它不是简单的一种痛，它也是一个财富、一个礼物，你一定要经历一次这样的痛，痛是因为这个东西之强烈，但不幸的是她没有从里面再走出去。其实这种起杀念，说实话很寻常，而且不是光女的这样。

许子东：男的怕了吧？（大笑）

窦文涛：拿剪子呢。（笑）

查建英：事实上男人因为独占欲杀女人的更多，只不过胡兰成已经看开了，你说他无赖也好什么也好，这点我倒觉得他很酷。但是张爱玲不能抱着这种态度，当时她太年轻，实际上她可以一步迈过去，但她没过去，所以变成了永远的痛。

许子东：我那次还感慨一番，说像胡兰成这样的人其实也多，像这样的行为也很多，可是偏偏给我们天才女作家碰到了。但反过来讲，就因为给她碰到了，才能把她的痛楚变成了这么凄美的文字。

> 现在在他逃亡的前夜，他睡着了，正好背对着她。
> 厨房里有一把斩肉的板刀，太沉重了。还有把切西瓜的刀，比较伏手。看秀男有什么办法。
> 但是她看过侦探小说，知道凶手总是打的如意算盘，永远会有疏忽的地方，或是一个不巧，碰见了人。
> “你要为不爱你的人而死？”她对自己说。
> 她看见便衣警探一行人在墙根下押着她走。
> 为他坐牢丢人出丑都犯不着。
>
> ——《小团圆》

最大贡献是写母亲

许子东：胡兰成只是这个故事里面的一小部分，在我看来更大的价值是她写母亲，这才是现代文学里罕见的一部作品。你知道中国现代文学啊，恨父亲的很多，杀父情结；母亲都是好的，所有男作家父亲都早逝，母亲是他们的启蒙老师，鲁迅、郭沫若、郁达夫、胡适、茅盾……全是母亲是他们最重要的人。你没看到一个作品恨母亲的。

查建英：有过，你记得李南央写她妈妈吗？李锐的女儿写她妈妈，哎哟，也非常刺激，母女关系之仇恨之扭曲，当然那不是小说了。

许子东：我觉得看这个小说的人，第一当然是文学爱好者，第二是对恋爱故事八卦的人，第三我想更重要的是所有做父母的人，包括青春期有反叛情结的青少年。整个小说看完以后，我从她母亲的角度在想，她妈妈做错了什么？

窦文涛：做错了什么会让张爱玲想着，我多赚点钱我要还我妈妈。

查建英：这就证明她妈妈以前无数次给过她这种压力暗示，我养着你，你欠我的，这种东西使孩子觉得自己是个包袱。

窦文涛："可怜天下父母心"都这么说啊，其实在个别情况下，我说是"可疑天下父母心"，我有时候甚至觉得——

许子东：可恨天下父母心。

窦文涛：我有时候甚至觉得父母亲总是把自己的感情打扮得非常美好，我都是为了你呀，我从小为了你吃了多少苦啊。可是因为这个，孩子就欠你一个交代吗？

查建英：尤其东方父母。

张爱玲的母亲黄逸梵出身官宦世家，思想极为开化。在张爱玲四岁时，她借口小姑留学需要监护，偕同出洋。四年后，回国与丈夫离婚，再度赴法。张爱玲中学毕业时，她回国送女儿入香港大学读书。珍珠港事变后，逃到印度，做过尼赫鲁两个姐姐的英文秘书，最后定居伦敦。1957年去世，留给女儿的遗物是一只装满古董的箱子。

窦文涛：我现在感触什么呢？有的父亲或母亲，他们的感情说起来是很感人的，但背后的动机很可疑。你到底是自私的，还是为了孩子？说起来都是为了孩子，可似乎他是把孩子当成一种满足他自己的工具。比如他在生活里很失败，别人瞧不起他。那么，好，你这个孩子，因为我养你付出了代价，所以你有一种义务，你得按照我的标准混到“好”，不是按照孩子标准的“好”。他标准的“好”是什么呢？就是小市民的虚荣心，让邻居们让周围的人都觉得我脸上有光。

查建英：完全是自私的。

许子东：女儿嫁得好，儿子得成功。

窦文涛：就是让别人羡慕，弥补他自己的失败。

查建英：做父母的都知道，他永远在谈付出，但实际上孩子出生首先是你的选择，不是他的选择，是吧？你自己要了这个孩子，而且从他出生到长大，你每一天都在索取，他给你快乐的快感是时时刻刻的。很少听到父母非常充分地承认这点，老是说我在牺牲，我在受苦，好像在投资。

窦文涛：作为孩子可以想，父母亲不容易，什么三春晖呀手中线啊之类的。但是我觉得作为新一代的父母——咱父母就不说了，从咱们这一辈开始——应该明白，孩子不欠你任何东西。你要生他下来的呀，你没问他意见哪，那你当然要把他养活养大呀，对吧？而且他小时候带给你的快乐，这笔账早就平了。你应该让他自由飞翔，他不欠你什么。

许子东：问题没你说得那么简单，我不大同意你们的说法。比如说宋淇当初不赞成这个小说出版，原因之一就是，这个主人公啊，不让人同情。我也有同事看完以后，觉得这个主人公太可怕了。她父亲的荒谬是明显的，抽鸦片啊，讨小老婆啊，败家子儿，张佩纶的儿子完全没有祖上一点遗风。可是女主角无怨无恨——

查建英：因为她不在他生活里。

许子东：不，她一直在他那儿生活到十六岁呀，父亲还把她关起来，后妈打她耳光，她才跑出来的。后来她所有回忆都是她妈妈，她妈妈占有了她所有的梦想，年轻、漂亮，有外国男朋友，有新文化，教她弹钢琴，教她礼仪。西方所有文明、科学，所有新的东西，都是她妈妈教她的，可是她偏偏就恨她妈妈。

窦文涛：为什么呢？

查建英：因为妈妈刺激她是吗？

许子东：这里边有很多细节，比方她妈妈说她不好看——也没说她不好看，就是大家说这个女儿最漂亮的是什么，她就等着人家夸她眼睛，可她妈妈说耳朵还可以呀，她听了心里非常受刺激。然后她妈妈给她梳的头发，到学校里让她丢脸。她妈妈接她出来的时候，四十来岁，有几个外国男朋友在追。你想一个四十岁的女的，正是最后的黄金时间，突然多出一个十六岁的女儿在身边，会对她妈妈带来什么样的负担和压力？这个问题女儿是不想的，她只觉得妈妈嫌我多事。里面大笔重墨地写了一段，说她到了香港，有一个老师送给她八百港币，一包钱，她很高兴，拿着这包钱到她妈妈住的地方，把钱放在桌上。她妈妈想也不想，就把钱放在旁边，也不跟她再说起来。过几天她就听说她妈妈把这个钱赌博输掉了，这件事情她一直恨了一辈子。所以她后来跟男的交往，问男的要钱的理由就是我要还我妈妈。小说里写直到她妈妈老了，从海外回来了，她都是非常冷酷嘲笑的语气，你看，她终于老了，回来了。她说老不是说皱纹多了，而是鼻子、眼睛的位置发生改变啦——这种笔墨非常冷酷。最后跟她妈妈喝茶的时候，她拿了一个手绢，二两金子推过去。她叫她妈妈“二婶”，她说二婶你以前照顾我，这是我还你的钱。她妈妈一看就哭了，然后说了一句话，大概意思是“虎毒不食子”，就是说不管我再怎么不好，我也不会对你不好。然后这个女儿还是不依不饶要把钱还给妈妈，要割断这份情。整个小说贯穿的都是她对母亲的不依不饶。没有一个现代文人包括现代作家，能这样解剖自己对母亲的这种感情。

> 她并没有想到蕊秋以为她还钱是要跟她断绝关系，但是这样相持下去，她渐渐也有点觉得不拿她的钱是要保留一份感情在这里。
>
> “不拿也就是这样，别的没有了。”她心里说。
>
> ……
>
> 九莉悄悄地站起来走了出去。

——《小团圆》

母女关系阴影伴随终生

窦文涛：你说你看完《小团圆》之后，做父母的人都应该反思震动，为什么？

许子东：你不应该把儿女当做你自己。大家说，你儿子长得挺帅，家长就说，帅什么帅，傻头傻脑的。为什么这样说呢？他把儿子当做自己的一部分，自己这一部分是可以谦虚的，你明白吗？中国人不仅是儿女，老婆也一样。人家说，你老婆真漂亮。一般啦，一般啦。

窦文涛：贱内嘛。

张爱玲（1920—1995），这位天才女作家留给世人的印象，也许正像这张照片中的神情。夏志清对她的评价是八个字：超人才华、绝世凄凉。

许子东：把老婆当做自己的所属物，外国人一定说“My wife is so beautiful”。

查建英：这是个文化问题，小孩小的时候是不会理解这个的。

许子东：但是她以后用的是一套西方的、个性的、个人权利的标准来看待一个东方家庭的观念，所以这个冲突背后的悲剧性是非常深刻的。

查建英：两个人都是又负债又欠债。

许子东：没坏人，最深刻的悲剧就是两个好人之间的悲剧。

查建英：她妈妈给她的伤害是她妈妈自己不知道的。她认为我从来没伤害过你，你怎么可以这样对我。而张爱玲也不明白在她母亲那个角度的为难，两个人都不能换到对方去设想。

窦文涛：你知道现在两代人之间吵得最厉害的是什么？就是父母完

全不能理解，说我真的捧出心来给你啊，我是为了你好啊。可是呢？他为了他“好”，也许是希望他当博士对吧？但孩子自己的“好”也许是希望去登山、去谈恋爱。

查建英：而且从这儿可以看出张爱玲对胡兰成，包括对所有男人的态度都带了她跟她妈妈关系的阴影。她妈妈是这样一个，某种意义上等于一个女胡兰成吧，到处可以有情人，拈花惹草。而她要的是一个有责任感的、专一的、专情的人，她不能接受自己像她妈妈那样跟胡兰成的关系。

许子东：（笑）你对胡兰成是不依不饶啊。

窦文涛：你怎么那么恨胡兰成呢？

查建英：我又欣赏他又讨厌他，只能这么说。

窦文涛：我觉得他还不错……

刘震云

好作家对生活要有不同「见识」

忧患可以化成愤怒，但忧患也可以化成幽默。我觉得后一种可能是这个多灾多难的民族所采取的更智慧的方式。

世界所有庄严和美好的事，你仔细想来是不敢想的，最后它收场都是以丑陋收场，这是肯定的。

所有好的作者，不是说他文章写得多么好——在技术层面上不管结构、人物、细节、语言都差不多，真正的考虑我觉得是创作的源头，也就是他对生活是不是有不同的见识。

窦文涛：锵锵三人行！文道，今天刘震云老师来了，咱们刘老师，出了名的幽默啊。做节目之前，我嘱咐他“别摸话筒”，他说：“你身上的东西虽然是你的，也不能随便摸。”（笑）人家评价他的幽默，说跟他是河南人有特别深的渊源。刘老师，您先给我们讲讲河南人的段子。

刘震云：河南人在一块儿是不正经说话的，比如我要到文涛家去，文涛问：“吃了吗？”河南人不说“吃”也不说“不吃”，会有两个回答，一个是“您先吃”，还有一个“我不急”。（窦文涛、梁文道大笑）但我这么说，并不是我非要到他们家吃饭，说话的习惯就是这样。他要到我们家来，我马上会说：“文涛，又是吃过饭来的？又是不抽烟？又是不喝酒？”

窦文涛：那就省了吧。（笑）

刘震云：但河南人马上会回答：“我吃过昨天的了。我不抽差的烟，不喝孬的酒。”

梁文道：这个逻辑跟别的省份的人不一样。

刘震云 ：特别不一样。

窦文涛 ：都是拐着弯的，而且这个拐弯的动机，老让我想起历史上这种人呀，肯定是饱经忧患，甚至经常做倒霉蛋儿，他孕育出来一种自嘲、一种幽默。

> 世界上有两种人，一种是有趣味的人，一种是没趣味的人。在有趣味的人中，又分两类，一种人一说话你就笑，另一种人他说时你没笑，出了门你突然笑了，回到家你突然又笑了。回家笑，跟出门笑又不一样，出门笑的是细节，回家笑的是整体。前一种人叫说笑话，后一种人叫幽默。
>
> ——刘震云

忧患可以化成幽默

刘震云 ：我写《温故一九四二》，有一个深刻感受就是突然理解了河南人。1942年河南因为旱灾饿死过三百万人，二战时候奥斯维辛集中营死了一百一十万人，它是因为民族偏见和战争，这是因为旱灾。旱灾饿没饿死那么多人不重要，重要的是你发现他们会遗忘，所有人对死过三百万人全不知道。我外祖母经历过那场灾难，我问她："咱说说1942年？"她说："1942年是哪一年？"我说："饿死人的那一年。"她说："饿死人的年头太多了，你到底说的是哪一年？"但我觉得这个也不重要，最重要是那三百万人对于自己被饿死的态度。

窦文涛 ：啥态度？

刘震云 ：我们以为饿死三百万人，在逃荒的路上他会非常地悲愤，说到底，一九四二年至一九四三年，我故乡发生了吃的问题。但吃的问题应该仅限在我们这些普通的百姓身上。我估计在我们这个东方文明古国，无论发生什么情况，县以上的官员，都不会发生这种问题。不但不存在吃的问题，性的问题也不会匮乏。

——《温故一九四二》

或者生死离别的时候他会非常地愤怒，但河南人不是。临死的时候，他一定会给世界留下最后一次幽默。好比说我老刘快饿死了，临死的时候我想起的不是妻离子散、家破人亡，我想起了老窦，因为老窦是我的好朋友，而他是两天前饿死了。我会说："老窦两天前就死了，我比他多活两天，我值了！"（窦文涛、梁文道大笑）

窦文涛：我发现在你的小说里都有这种幽默。所以你说，所有的悲剧其实打碎一地看，也是喜剧。比如刘跃进，我觉得就是一个倒霉蛋儿。他小时候有一个同学叫李更生，身材高大，但属于学校那种傻不楞登的，同学打架打输了都踹他一脚出气，刘跃进也踹过他一脚。后来李更生当老板了，刘跃进得求着他，给他打工。然后李更生把刘跃进的老婆给睡了，刘跃进捉奸在床，当时就打，结果穿着衣服的刘跃进没打过没穿衣服的李更生，给人打了一顿。然后李更生光着身子坐在凳子上抽烟说："事儿就是这么个事儿，你看着办吧。"（大笑）老婆被人搞了，捉奸还给人打了。

梁文道：太悲惨了。

窦文涛：见过倒霉的，没见过这么倒霉的。

刘震云：这里边就牵扯到幽默。幽默从哪里来？河南人可能饱经忧患，忧患可以化成愤怒，但忧患也可以化成幽默。我觉得后一种可

《我叫刘跃进》讲述了一个羊吃狼的幽默故事：工地厨子刘跃进丢了一个包；在找包的过程中，又捡到一个包；包里的秘密，牵涉到上流社会的几条人命，许多人又开始找刘跃进，犹如一只羊无意中闯到了狼群里……

过去认为幽默是说话的事，后来才知道是人种的事。幽默和不幽默的人，是两种动物。拧巴还在于，人不幽默，做出的事幽默。出门往街上看，他们把全世界变了形，洗澡堂子叫“洗浴广场”，饭馆叫“美食城”，剃头铺子叫“美容中心”；连夜总会的“鸡”，一开始叫“小姐”，后来又改叫“公主”。

——《我叫刘跃进》

能是这个多灾多难的民族所采取的更智慧的方式。

窦文涛 ：说到态度，我倒是想起来，看《我是刘跃进》这本书啊，有个感觉，一个人多灾多难了，会不会就阴暗了？我觉得这本书很真实，但未免会觉着没有一个好人。刘跃进，主角，算好人了，但是那种小算计、小心眼，有些时候也阴你一把——好像书里人人都这样，包括老婆跟你结婚多年，你不知道她一直在偷偷切你的钱。这家伙，一朝背叛你，“夫妻本是同林鸟，大难临头各自飞”。

梁文道 ：这是叫“阴暗”还是叫“看穿”了呢？河南人的幽默是什么幽默？就一句老话嘛，任何悲剧隔远点看都是喜剧。刚刚那个临死的人还要说这种话，他多不把自己的死当回事啊！

没经过大恶不会有大善

窦文涛：我现在越来越不相信人有什么统一人格，我觉得人就是一堆杂碎，里头好的东西坏的东西都挑得出来。最近辽宁阜新发生一个枪击案，三年前辽宁的哥俩，一人开车拉着另一人的老婆出去办事，出了车祸，你没事，我老婆死了。你是开网吧的老板，我这三年来一直找你要钱，谁让你把我老婆撞死了。最后你就不胜其扰，叫了几个人“咣叽”把这人揍一顿，扔下三十万，咱这事儿清了！最后另一人的选择是在他老婆三周年忌日，拿一把枪冲到网吧，“乓”冲这个老板当头就一枪。老板的老婆往外跑，背后“乓”，差一厘米就打死了。儿子一站起来，“乓乓”两枪，打死一父一子。最后这个人的尸体在他老婆坟墓附近被发现了，两厘米的枪洞。警察说死者脸色铁青，临死前极度挣扎，说他是先服了毒，后来太痛苦受不了了，“乒”——，自杀。

刘震云：有时候生活中发生种种稀奇古怪的事，我觉得其实也不稀奇古怪。它牵扯到一个概念，就是偶然和必然之间的关系。我们觉得必然是这个世界上推动事物的一个规律，它起的作用非常大；其实偶然在历史上起的作用也非常大，有时候甚至要大于必然，我们每天碰到的偶然的事情肯定比必然要多。比如我到凤凰会馆，见着文涛、文道，这是一个必然；但是我在路上起码要碰到三千人，这三千个人都是偶然，你说三千个偶然在世界上重要呢还是两个必然重要？如果从谈话节目来讲，必然是重要的；但就生活来说，就上帝对时间的分配来说，可能偶然占的比重更大一些。

梁文道：那绝对是。

刘震云：刚刚像文涛说的，"乓"打死人，也是一个偶然。偶然与必然就像好人和坏人一样，是相互转化的。世界上无所谓好人或者坏人，可能他这一瞬间是个好人，下一个瞬间就是个坏人。就我身边的亲戚朋友来讲，他们确实都不是坏人，但也不是好人，一辈子爱算计、爱占小便宜，但他也不杀人放火。

窦文涛：对，这不能说是坏人。

刘震云：他虽然还活着，但我现在就给他盖棺论定，说他活一辈子活了个善良或者就剩下善良，我觉得这是没有问题的。有些人你看着他非常坏，是大坏人，但有时候他会起到非常大的推动历史的作用。大恶之后才有大善，没经过大恶的人，他的善良也是屈指可数的一小部分，他不会有大善。

梁文道：而且好人坏人还决定于你跟那个人是什么关系。比如我们看汪伪时代那些大汉奸，都是坏人，可是你去看他们写的回忆录很好玩。比如他里面会说周佛海才是坏人，胡兰成其实不坏，汪精卫也不坏……从我们的角度看，他们都是一帮龟孙子、一帮混蛋，但是从他们彼此关系的角度看，他是看这个人的私德，比如这人守信用，答应日本鬼子的事他都做到了。

刘震云：因为你判断好人坏人，后面还有一个背景板。背景板上写的是政治、社会，肯定你说的这些汉奸都是坏人，但背景板如果换了，换成生活、朋友之道，那答案肯定又不一样。我们用生活的望远镜去看很多事情会特别有趣。比如我们说世界上就两种人，一种是羊，一种是狼。这不是我的发现，是八十年前鲁迅先生的发现，他说世界上就两种人，一种是吃人的人，一种是被吃的人。

窦文涛：那我就是羊了，我属羊啊。

刘震云：你不用赶紧说自己不是狼。（笑）我们都是羊，这是没有问题的，但偶尔你也会是狼，这也没有问题。有时候晚上也可能是狼。

窦文涛：天一黑就变狼。（笑）

刘震云：但是有时候会出现另外一种状况，就是世界上所有的狼基本上都在装羊，是披着羊皮的狼——有时候我们看电视什么啊，它会特别和蔼可亲；但是世界上所有的羊呢，又都在装狼，装大尾巴狼。我觉得特别穷凶极恶的是门口那个看门的大爷，你进来一人，他那个气势汹汹，不跟你弄一个底儿掉……我觉得他是个羊，不错，但是确实比狼还凶。

窦文涛：好多人虽然职位很一般，很普通，但是“县官不如现管”，我把着这道关——我觉得他把很多人生的满足感寄托在这件事上，把你卡一卡、拦一拦，可能得到某种快感。

干大事的人敢大逆不道

刘震云：就像高贵和低贱，也是这种关系。你仔细观察，三皇五帝到如今，帝王将相大多是下三滥出身，你不能说他是很高贵的人。但是有些人不识字、没文化，他从事一项技能，你会发现他特别高贵。像我们门口一钉鞋的，湖北人，特别讲究，钉鞋的时候戴手套，冬天要是冷了，他带一蜂窝炉，中午吃饭的时候那个铝饭盒要热一热，滚烫的再吃。他钉鞋也是一丝不苟，包括换一个拉链，都一丝不苟。我拿了一双鞋，清早跑步的软底鞋，问后跟磨了能不能修。他说，不可以的，钉子钉不了，胶水也粘不了。我问别的鞋摊能修吗？他说我估计我不行，别的也不行。钉鞋的时候，夕阳打在他的脸上，我发现这个人特别高贵，我觉得他可能是这个世界上最高贵的人之一。

窦文涛：这就是为什么“卑贱者最高贵”，我也特别喜欢这样的人。但是这样的人在如今的年头里属于干不了大事的，他只能做这个。就好像现在听各个方向上的朋友聊天，普遍都会说，哎呀，小人当道啊。这个现象值得研究，也许某些超出常规的事，某些大事，还非得这样的人投机钻营——

刘震云：是这样的，刚才你又把背景板换了。从社会、历史、经济、政治的角度来讲，我们所说的好人是干不了大事的，但是我们所说的坏人为什么能干呢？因为这些人都不墨守成规，他敢于把一个规矩砸掉，也就是“大逆不道”。要用“大逆不道”这个标准判断好人坏人，其实也是十分肤浅的。

梁文道：我觉得那种能做大事的人、能打破既定规矩的人，有时候是因为他特别狠。我记得有一次看小说，描写拿破仑打仗的时候，跟他交战的那些将军怎么算计。有一个俄罗斯将军，人特别友善，平常对人很好，永远笑眯眯的，很和气。拿破仑来围莫斯科，他就计算，说这儿得牺牲点人，那儿得留下点人……他笑眯眯地决定，哎呀，这儿还有三万人就没办法顾了，这三万人要牺牲了，大家就都得救了。他完全没感觉，还是平常那么和善，喝杯咖啡，就三万人嘛。我就想起斯大林那句名言，死一个人是一个人，死一百万人呢？就是个数字。

> 在死三百万的同时，历史上还发生着这样一些事：宋美龄访美、甘地绝食、斯大林格勒大血战、丘吉尔感冒。这些事件中的任何一桩，放到一九四二年的世界环境中，都比三百万要重要。五十年之后，我们知道当年有丘吉尔、甘地、仪态万方的宋美龄、斯大林格勒大血战，有谁知道我的故乡还因为旱灾死过三百万人呢？
>
> ——《温故一九四二》

刘震云 ：文道说得特别深刻，这里面也牵扯到为什么他会是一个大人物。我们把好人坏人抛开，只说他看历史的眼光到底看多长，一般像我亲戚朋友这种善良的人，他顶多看两天。

窦文涛 ：我就是鼠目寸光，今天的事儿今天结。

刘震云 ：但是能看二十年和二百年的人，我们用好人坏人的标准是衡量不了他的。正因为他能看二十年，所以墨守成规的东西一下子能打掉。像拿破仑这样的人，他看得非常长，而士兵看得非常短，所以士兵看他，他准是一坏人；但他看士兵，放在历史的长河中，就跟芝麻粒一样小的一东西，包括“死”也是一样。

施耐庵这个人了不起

窦文涛 ：现在好像有一个普世价值观——其实就是纸上谈兵，很不现实的一种价值观，认为生命是至高无上的，没有任何代价值得让你通过杀人去实现美好理想。

刘震云 ：我觉得凡是能做出比较大一点事情的人，他的价值观和方法论包括他看整个世界的态度，肯定是非常不一样的。单说杀人放

施耐庵像（今人晏少翔绘）
《水浒传》的故事性很强，情节跌宕，充满悬念。“武松打虎”、“风雪山神庙”、“三打祝家庄”等故事，在中国差不多是家喻户晓、妇孺皆知。

火的强盗，我觉得中国历史上有一个人的态度是非凡的，施耐庵。

窦文涛：《水浒传》。

刘震云：在中国历史上，他第一次把杀人放火的强盗当成心目中特别崇敬的人。阮家三兄弟出门就唱歌，唱的是什么呀？“老子生来爱杀人”。孙二娘的黑店，我们现在看港台那种黑帮片，黑店都特别阴森恐怖，可是在《水浒传》里黑店充满了阳光啊。比方窦文涛来了，“咣”，几个人麻翻，停会儿就变成包子馅了。店小二一看你麻翻了，兴高采烈，说“倒也、倒也、倒也”。突然文道来了，说麻错了，文涛是咱朋友。没事儿！再把他灌醒，又接着喝酒吃肉。写得特别温暖！像我周围的亲戚朋友，你让他们开创历史，那是不可能的。但是开创历史的人，如果用好人坏人来区分的话，没有一个好人，好人是开创不了历史的。

窦文涛：这解开了我一个谜团，我小时候看的遍数最多的就是《水浒传》。

梁文道 ：我只看了一遍，但是看了那一遍之后，我觉得有一部分很不正常，比如那个李逵，他背他母亲上山，母亲不是给老虎叼了嘛，他就哭诉着说，我妈给老虎吃了。当时他们那些人的反应是大笑，这太不正常了。比如你要跟我说这么不幸的事，我装也得装得沉重、很悲哀。但他们那群人的反应是笑，好像那件事真的很好笑，你背你妈，你妈给老虎吃了——

刘震云 ：有时候这个悲剧呀，会换到一个喜剧的场景里。悲剧本身呢，里边有好多喜剧的成分。

梁文道 ：对，真是这样，而且那些人的反应是直接的，是不掩饰的。我觉得《水浒传》最好玩的是这些人，真是汉子，真的很直，他不装。本来我在这一刻，我再想笑我都不应该笑，不，他们笑出来了，很直接的。

窦文涛 ：我记得有一人写文章，说你仔细看《水浒传》，这是一帮什么人哪，整天没有工作，不务正业，提溜个大刀在树林子里乱转，碰见人就上去打劫，照今天全得给公安局抓起来。我觉得中国古人啊，好像有点那种“古今多少事，都付笑谈中”的感觉，它是一种传奇。

刘震云 ：中国的古人在社会秩序、道德标准、法律方面，跟现在的人差不多，问题是有一个人的态度不一样，就是施耐庵。他对这些社会所不允许的人、这些打家劫舍的人，他是向往的，比如在水泊梁山，说老窦想加入梁山，很简单，你下山杀一人，杀了人你就是我们同伙了，至于杀的谁，我不管。但从法律角度来看，杀谁也不行啊。

窦文涛：太不像话了。（笑）

刘震云：但这是我们水泊梁山的规矩，我们跟法律是两回事。

梁文道：没错，还结义呢。

刘震云：（由杀人）建立了一个法律、一个秩序、一个社会，这个社会产生了我们自己的政治。我觉得施耐庵这个人是非常了不起的。

事情还原到最后会很无趣

窦文涛：比如《我叫刘跃进》里，丢一个U盘，这U盘里有行贿贪官的证据，而且给贪官行贿，现在流行性贿赂，找俄罗斯“果儿”啊，找韩国“果儿”啊，床上搞全给拍下来了——这事生活里可真有啊！一个官叫贾主任，有个漂亮女歌星在座，当官的聊天明显比往常透彻和深入。这个咱们都会心一笑，包括我自己都这样。

刘震云：好多想不清楚的事，饭桌上如果有美女，突然全都说得淋漓尽致——

窦文涛：妙语如珠，眼睛还不看着那美女。而且你还老说“在权势和金钱面前，性算不了什么”，这话在书里重复好几遍。这个贪官底下还有个帮他办事的，是他的下属，每找来一个女人呢，这厮他都先试一试，他都先过水，然后再给这个官。前一阵许子东老师不是提出一个问题嘛，《财经》杂志报道前青岛市委书记杜世成和中石化原总经理两人共享一个情妇，先是这个总经理的，后来总经理把这女的发给市委书记，俩人就共享一个女的。许老师觉得无论如何很难理解，说男人怎么可能这样呢？但在你的书里，不就揭示了这种现实吗。

刘震云：许子东老师是个老实人。（窦文涛、梁文道大笑）

窦文涛：这事他干不出来，那跟割他肉一样。

刘震云：我觉得这是生活的真实。

在钱和权势面前，人都不算什么，别说一个“性”了。不是人在找“性”，是“性”脱了裤子找不着人。

——《我叫刘跃进》

窦文涛：你周围见的女的是这样吗？

刘震云：周围是这样，中国是这样，全世界都这样。因为世界上就两种人，一个是狼，一个是羊；狼脱了裤子，你是找不到狼的。

窦文涛：所以我也明白了，为什么咱老看“一朵鲜花插牛粪上”，其实这是现实啊，牛粪才有营养啊，插清水里你能活吗？

刘震云：对，没错。

梁文道：但什么事情你都看穿之后，也变得没那么有意思了。比方说有时候去一些高级场合，一些衣香鬓影的地方，看一些人穿得漂漂亮亮，在那儿吃饭、跳舞、喝酒、听音乐什么的；如果你把它还原成本质的话，你看到的无非就是一群人想交配。所有事情都这么还原之后，这个世界就变得很没趣，哎呀，怎么看什么东西都是——

刘震云：世界上所有庄严和美好的事，你仔细想来是不敢想的，最后都是以丑陋收场，这是肯定的。所有事情最后的本质都是没趣的，比如我们三个，我敢保证，一百年之后我们仨都灰飞烟灭，没了，你说它有趣吗？但是对于一本书来讲，对于一个作者来讲，这个过程是有趣的。比如去一个场所，表面看起来那么庄严、豪华，人穿得那么高贵，但最后你把它还原成本质，确实是为了交配。这个还原的过程，我觉得是有意思的。

窦文涛：要么说咱跟动物没区别呢，咱得先来点香槟再交配，动物直接就想——

梁文道：动物也得跳舞啊，鸟也得跳舞，喷洒一些气味出来。

窦文涛：我上次看一纪录片，那鸟的颜色长得就跟英国绅士燕尾服一样，公鸟在母鸟面前“嘎嘎嘎、嘎嘎嘎”，跳舞啊！

梁文道：我们人就是动物，跟动物一样。

这世界被胖子统治着

窦文涛：说到动物啊，咱也讲讲身体这方面。刘老师还有个胖与瘦的理论，说心宽应该体胖，或者体胖应该心宽，但你发现不是这样，是吧？

刘震云：不是这样。我三岁之前特别瘦，四十岁左右胖了点，双下巴。后来我觉得一个书生，手无缚鸡之力，胖吧，有点喜剧，最后又瘦下来了。当瘦了以后再出门，所有人见我第一句话都是：“刘震云，你是不是病了？”我就知道这个世界已经被胖子统治了。（笑）刚才我来凤凰会馆的时候，我说还得考证一下这理论，确实街上走的十个人里，起码六七个是胖子，脸也胖，肚也胖，腿也胖；它推出一个理论，我觉得很有趣，就是胖子在统治瘦子。我们可以看一看电视，基本国情是这样的。

梁文道：同时我们也看到一个相反现象，就是很多人标榜要瘦、要减肥，但你发现减肥的人多半是女孩，对不对？所以还可以归结出另一个规律，所有女人都想变瘦，好吸引那些胖子的注意。

窦文涛：好供胖子役使吗？（笑）

梁文道：你不觉得是这样吗？比如现在我们看一些夜总会里的大老板什么的，不都很胖吗，然后围绕他们的女的又都很瘦。

> 古风存于鄙地，智慧存于民间；有意思的事和话，都让那些胖子就着鲍鱼和鱼翅吃没了；仅剩的一些残汁，还苟活于萝卜和白菜之中；奴隶们创造历史，毛主席这句话没错。
>
> ——《我叫刘跃进》

刘震云：中国不有一词嘛，“心宽体胖”，体胖你应该心宽，但是恰恰体胖了之后，心也变得小了。我在世界上怕三种人，一种人是胖子，我从小就怕；因为我小时候是个缺食物和糖分的年代，我们镇上就一厨子特别胖，我见了胖子，有点发怵。第二种人很严肃，他从你面前走过去，因为其严肃我不敢怀疑他目的的正确性。第三种是爱生气的人，饭桌上十来个人，突然有一人生气了，我马上就想，是不是因为我呀，最后发现每次都不是因为我。

窦文涛：小人物当多了，会有这感觉，总看别人脸色，一不高兴，就想他是不是冲我来的？

看作品要看创作源头

窦文涛：那要照你这么说，林妹妹也瘦呢——咱可以聊聊《红楼梦》，林妹妹是统治阶级还是被统治阶级？

刘震云：林妹妹是另外一种情况。我觉得曹雪芹跟施耐庵有一拼，所有好的作者，不是说他文章写得多么好，在技术层面上不管结构、人物、细节、语言都差不多，真正的考虑我觉得是创作的源头，也就是他对生活是不是有不同的见识，我觉得曹雪芹曹老师也是这种人，虽然他心中理想的人物跟施耐庵有一定区别。施耐庵向往的是杀人放火的强盗，曹老师向往什么人呢？贾宝玉这样的人。贾宝玉是个什么人？不爱读书。你放到现在，哪个孩子不爱读书家长很喜欢他？这是不可能的。

窦文涛：他爱读《西厢记》啊，不爱读四书五经。

梁文道：那些书在当时来讲就是电玩、网游。其实以今天角度讲，贾宝玉就是个玩网游的。

刘震云：贾宝玉的第二个特点，爱跟女孩子在一起。第三，爱吃女孩子脸上的胭脂，胭脂在哪儿放着？

窦文涛：嘴上啊。

刘震云：你见一女孩子就去吃她的——

窦文涛：啃她的嘴。

刘震云：那我觉得他不是一流氓吗？（三人大笑）但是曹雪芹喜欢这个流氓。

窦文涛：作家一般跟流氓特别心心相印。（笑）

刘震云：按照当时那种生活和社会标准来讲，他是一个大逆不道的人。所以曹雪芹厉害，包括起笔就写贾宝玉不是一个人，是块石头，林妹妹是什么呢？一株草儿。草儿要死了，石头从这儿过，说要死了，浇点水吧，浇了水，活了。草儿对石头说，这辈子是报答不了你了，下辈子我用眼泪报答你。

窦文涛：一世能有多少什么泪珠儿，怎禁得秋流到冬，春流到夏……真有学问，刘老师能上《百家讲坛》了。（笑）《百家讲坛》讲了《西游记》——

刘震云：《西游记》如果看它的故事包括人物，我觉得不是一个特别好的文学作品，重复性太强了，九九八十一难，基本上都是重复的，而且所有人物是定型的，在作品里面没有发展。但是吴承恩吴老师有一点也是可以跟曹雪芹、施耐庵站在一块的，就是他的创作源头，他不同的发现我觉得非常厉害。

窦文涛：什么不同的发现？

刘震云：师徒四人遇到九九八十一难，妖魔鬼怪从哪里来的？不是山林里长大的，不是在梁山泊长大的，仔细考察，想都不敢想啊，是从天上来的，从菩萨那儿来的，从释迦牟尼那儿来的。

窦文涛：哎，是是是。

刘震云：鞋、拐杖、痰盂，变成妖怪下（凡）去了。你想想看，我到您那儿取经，但所有妖魔鬼怪是从您这儿来的……吴承恩什么年代人？对于生活，他是这么看的，我觉得他太了不起了。而且像这种情况，只能出现在一个悲凉的民族，包括好多神话传说我觉得都特别有意思，比如孟姜女哭长城，长城那么伟大，怎么倒的？被孟姜女的眼泪给哭倒的。还有《白蛇传》，我觉得这个神话的创作者

六小龄童版孙悟空和赵雅芝版白娘子，是留在观众心中经典的人物形象。

太了不起了。

窦文涛：怎么讲？

刘震云：好比说窦文涛在凤凰会馆每天一下班就蹲墙角，跟一蛇谈恋爱，所有凤凰台的人知道了都会疯。

窦文涛：没错儿。（笑）

刘震云：但为什么没有疯呢？那倒不重要，重要的是这个作者的态度。全中国这么多妇女，就没有一个你看上的？你才去跟一条蛇谈恋爱？你想想看，作者对于爱情，对于人，失望到了什么程度。

窦文涛：噢，这么解的，你也算大逆不道了。

梁文道：所以为什么中国以前正经读书人家叫小孩不要看小说，都是有违于世道人心的东西嘛。比如吹捧妖魔鬼怪，然后正邪不分，甚至“邪”都是从“正”演变来的，我们小说中特别多这种东西。但有趣的是这些最违反中国正统思想的东西，今天却成为了我们的文学经典，是最多的读书人喜欢看的，是最多的老百姓喜欢看的。我就想，这到底是一个什么样的传统呢？

窦文涛：其实我相信这些小说它不是个随便的玩意儿，它有很深的寄托。那个时候的文人，他一辈子就写了一本《红楼梦》，一本《水浒传》，他不可能仅仅当成娱乐小说写的。

梁文道：那当然不是，施耐庵那个序写得很清楚。

刘震云：这是很严肃的问题，什么呢？世道人心。我们眼前的生活是一个世界，这没问题；但是不是我们想要的世界，这是另一个问题。文学存在的价值是什么？我觉得文学除了能提供给我们另外一个世界，还有一个其他学科都没有达到的能力，就是它能够把时间给固定住。好比刚才说一百年之后我们全死了，但确实有几个人没死啊，贾宝玉、林妹妹就没死啊，他们还是十五六岁。

窦文涛：这还真有意思。而且我看你写东西呀，也是一种周而复始的重复，弯弯绕，他找到她，她找到他，这种因果循环的句式。最近我看纪录片，说古罗马的斗兽场为什么气魄那么大，就是重复，一个一个拱门那么多次的重复，构成了它的大。

刘震云：重复有气势嘛。所有人做同一个动作，也是有气势的，像千军万马，要单个儿的话，他不就是往前走嘛，但是一万个人同时往前走，确实有气势。

窦文涛：对，一万个人顺拐，团体操。（笑）

梁文道：重复是所有艺术的基本形式，建筑上比如罗马竞技场、伊斯兰清真寺，都是靠重复来营造它的气势。音乐上面是有重复才能在里面耍花样。

窦文涛：这么说咱们锵锵三人行，不是天天重复吗，重复十年了……

张承志

知识分子的任务是「坚持批判」

中国文明的基础，像孔孟之道这些，它对人的道德约束力有多大？我没有能力回答。我只能说在培育我长大的内蒙古草原，社会有着非常严格的道德底线，这个底线是不能突破的。

中国人用火药造了炮仗，做了爆竹，敬了神。正因为这一条，中国人才应该自豪。这说明我们中国的文明中没有一种专门为了敌视别人、灭绝别人、欺负别人而发展起来的科学优势。

我想作家也好，知识分子也好，他的任务和责任只有一条，就是坚持批判。阿谀奉承、到处去说好话、去搽脂抹粉，这永远不是知识分子和文学的使命。

窦文涛：锵锵三人行！今天请来的老师张承志，我从大学就读他的书。张老师还找来了自己的老同学——中央美院的雕塑家任世民教授，听说任教授有个外号呢。

张承志：（笑）兔子。

任世民：你知道张承志外号吗？

窦文涛：叫什么？

任世民：张匪。

窦文涛：好家伙，你身上有匪气啊！

张承志：当年号称有“八大土匪”，不知道怎么把我也排进去了。

窦文涛：是不是跟知青生活有关？那时候在草原游荡的好多知青，我看都有点匪气。我看你写的东西，《黑骏马》《北方的河》《心灵史》……你知道给我什么感觉啊？我觉得你在这个年代里，是一个特别情深义重的人，是一个会把跟人的情分延续几十年的人。比如当年到内蒙古插队的知青，很多人回了城跟草原就没什么联系了，但我注意到你跟当年住的那户牧民家庭，三十多年了还保持着家人一样的关系。是不是草原一直给你一种魂牵梦萦的感觉？

张承志：有一点要纠正，当年在内蒙古牧区插队的知识青年，虽然三十多年来跟那边联系的密度各有不同，但是对草原那种不能相忘的感情，我想和我基本是一样的。

我的笔无法写出草原之美

窦文涛：咱从哪儿谈起呢，草原太辽阔了，我想找出一个关键词，就是你书里写到的“额吉”，你说你甚至想把“额吉”这个词引入汉语？

张承志：对，我当时很狂地想说这句话。

窦文涛：“额吉”，我的感觉就是妈妈，是吧？

张承志：母亲，或者是对长辈女性的尊称。

窦文涛：这是额吉的照片吧？

张承志：这是1985年或者1984年，我把她们母子俩请到北京来玩了一段时间。

额吉在天安门

和牧民住进北京的简易楼，那滋味比住进蒙古包还特别。虽然没有门栏外的牛犊和狗，没有视野尽头的地平线，可是额吉在北京必须依靠着我。从开煤气到关电灯，我像真正的儿子一样照管一切。吐木勒，吐木勒，她总在不停地叫着我的蒙古名字，叫得我美滋滋的。她对我说的话，比在草地的几年还要多。我多么喜欢她那无奈的、一切任我怎么办的神情呵！

——张承志《二十八年的额吉》

窦文涛：我不知道是因为草原是你洒下青春的这么一个地方，还是说草原上的牧民、额吉的某种生活方式或价值观，特别让你认同和念念不忘？

张承志：很多原因，比如说大自然，我在60年代后期从北京这样一个城市，忽然间到了内蒙古大草原，那时候的草原和今天是不一样的，那真是非常非常美的草原，也非常非常的严酷。

窦文涛：你给我们描述描述，美到什么程度？

张承志：这个美语言没法描述，如果要描述的话，只能说它能够像细胞一样长在自己的脑子里。我有一个小说《绿夜》，写我1972年上大学离开草原，隔了十年之后再回去，白天到牧民家串门，回来的时候已经夜里了，照理说十年没走夜路，在茫茫草原上应该很容易迷路——我插队的时候也经常迷路，但是呢，就凭借着月亮和一点点星光，凭着夜里的山影，就能准确地从哪个山绕过去，在哪个口走过去。几十里夜路，骑着马，一个人，唱着歌回来，那种感觉确实没法表现。

窦文涛：这让我想起我们拍的北大荒知青纪录片，他们也谈到那里迷蒙的、潜伏着一脉生机的原野蒙着浓重的夜幕。万籁俱寂，苍穹宁静。大地的弹性从马蹄那儿传遍全身，轻摇着惆怅的心绪。他从暗夜中辨出一种均匀的色素，那是溶入夜色中的、七月青草的绿。浩淼的暗绿中亮起了一颗明亮的星，那是奥云娜为他举起的灯。那灯光也被染上了淡淡发绿的光晕，像是雾露弥漫的拂晓湖面上跳跃着一簇萤光。

——张承志《绿夜》

有些奇景啊，是你从来没有见过的，比如月亮那么大，像童话像电影里的，那么大一个月亮悬在天边……但是你为什么又说草原严酷呢？

张承志 ：夏天赶上暴雨的时候，那个雷好像离自己脑袋一百米高的地方就炸开了，人吓得从马上爬下来，钻到马肚子底下。第二天骑马去看，昨天打雷的地方确实有一块大石头被炸裂了。冬季那个严寒，零下四十度，夜里睡觉钻进两层以上的厚羊皮裹成的被窝，第二天早晨钻出来的时候，皮被的被头上有一层两厘米厚的黄色的冰，是自己夜里的哈气在蒙古包里结成了冰。那种冷，确实不是今天能想象的。

任世民 ：而且那时候有一种感觉，觉得人的心是暖和的，他找到了一个母亲。

窦文涛 ：对啊，这个额吉，你为什么把她当成母亲呢？

张承志 ：1968年年底北京的这些知青并不是一些傻瓜，或者一些只是娇气地强调自己利益的人。我们当时有一定的思想觉悟，有和人民群众结合的强烈愿望。

窦文涛：你觉得这个结合成功吗？

张承志：很多人会反对我的意见。比如80年代中国流行“伤痕文学”，很多人认为我的写作跟他们格格不入，那种无形的压力我感觉很强烈，人家都那样写，我这样写，是不是不对呢？但是我没法背叛自己这么长时间的感受，更不能背叛蒙古民族对我的抚育，这里面有很多文化因素在支撑着我。草原的魅力，除了大自然的种种之外，游牧民族生活本身就是一种浪漫。如果一个年轻人对这种骑着马的、穿着袍子的、整天奔驰唱歌的、住在飘忽不定的毡包里的、逐水草而居的生活不感到吸引，这个年轻人本身就有问题。

见证了游牧生活的消亡

窦文涛：“额吉”这个词你能解释一下吗？

张承志：一个人在蒙古游牧社会中的称谓，是根据这个家族中的晚辈在小孩的时候对她的习惯称谓定的。比如我们家的额吉，可以翻译成母亲、女性的长辈，也可以叫奶奶。另外一个家庭同样身份同样年龄的女的，可以叫成“阿MA”，也可以叫“阿JIA”，有各式各样的叫法。我们家的额吉，因为这个家族的小孩都这么叫她，我也就这么叫了。

张承志在内蒙古草原插队

窦文涛：这是他们的文化。这些年来我有好多朋友开着吉普车跑到内蒙古草原，吃顿手抓羊肉喝点酒，回来感慨不已，就像你说的是有某种“遥远的思慕”。但是很多人又哀叹，说这种文化跟1969年那时候相比，都已经不一样了。

任世民：我感觉现在草原荒漠化很严重，但里面还保留着人与人之间的关系。比如前几年我们到牧民家去听歌唱歌，领着我们去的人已经在城里当了公务员，他回老家的时候，就和以前一块骑马上小学——现在改骑摩托车了，那时候他们上学都骑马——的人一起唱，其中一个可能是他年轻时候的情人，指甲里面黑黑的，看起来就是一个操劳的牧民，已经是中年妇女了。可是他们在酒桌上唱歌的时候，哎呀，给我感动坏了。歌声一起，我就想起当年那种感觉：夜晚、毡房、月亮底下敖包相会……他们把那种感觉唱出来了，没有伴奏，每一个人都能唱，那种感受太深刻了。

窦文涛：我记得好像《黑骏马》里还专门谈过蒙古长调，说一个人信马由缰在草原上可能一走走几天，那种感受“说之不足，歌以咏之”。在辽阔草原上哼出来的蒙古长调，很多人听了都会流泪。

> 灵性是真实存在的。在骑手们心底挤压太久的那丝心绪，已经悄然上升。它徘徊着，化成一种旋律，一种抒发不尽、描写不完，而又简朴不过的滋味，一种独特的灵性。这灵性没有声音，却带着似乎命定的音乐感——包括低缓的节奏、生活般周而复始的旋律，以及或绿或蓝的色彩。那些沉默了太久的骑马人，不觉之间在这灵性的催动和包围中哼起来了。他们开始诉说自己的心事，卸下心灵的重荷。相信我，这就是蒙古民歌的起源。
>
> ——张承志《黑骏马》

漂亮善跑的——我的黑骏马呦
拴在那门外——那榆木的车上
善良好心的——我的妹妹哟
嫁到了山外——那遥远的地方
走过了一口——叫做“哈莱”的井呵
那井台上没有——水桶和水槽
路过了两家——当做“艾勒”的帐篷
那人家里没有——我思念的妹妹

——《黑骏马》歌词大意

张承志油画《黑骏马》

张承志：我第一次听到《黑骏马》这首歌的时候，像被雷击的感觉。这首歌跟一般同类型的歌曲不一样，歌词比较特殊。那时候我们从中学生一下子变成牧民以后，慢慢地在心理上在潜意识里也觉得自己是牧民了，忘了还有文学艺术。当时的读物也很少，我们脑子里并没有多少文学艺术的概念，但是听到这首歌，那种艺术上的冲击是不能想象的。那是“四人帮”时期，《黑骏马》不是革命歌曲，我们学这首歌很麻烦，牧民不教，觉得教知青这种歌，政治上有一点害怕。我都是趁着他们情不自禁唱的时候，赶快拿出个小本记下来，用俄文字母、蒙古字母、汉字单字，赶紧把捕捉的几句不准的旋律记下来。然后换一家人，再挑起这个话题，逗他再唱出两句，再记，就这样换了好多个牧民。这首歌的调子非常好听。

窦文涛：令人神往啊。可是我老有一种悲观的感觉，有人说当年那个叱咤风云的蒙古民族现在已经越来越汉化了。到草原上去看，风光如画的草原上都是一个一个黑窟窿，挖矿砂挖的啊，草也破坏了，人也定居了。其实从我们的眼光看，他们游牧逐草而居的时候，活着也很难受，太严酷了；定居似乎是舒服了，但是为什么我们又觉得这里边失去了一种什么东西呢？

张承志：这个问题现在越来越严峻。80年代中期我在日本搞研究，写过《蒙古大草原游牧志》这么一个半学问的书。我在书里说，我们插队的时候得天独厚，从13世纪成吉思汗一直延续了这么漫长的亘古不变的游牧生活，到了我们这时候可能已经是最后一页了。当时我完全是凭感觉这么写的，现在觉得真是不幸言中，我们赶上了古典游牧生活的最后一段。从80年代开始，你去内蒙古看，他们已经是半定居甚至定居生活，只是夏天稍微出来小游击一下，把蒙古包拿出来晾晾，同时到比较通风的山头上住一住。他们已经离不开自己划分的那块承包牧场了，过去他们的财产概念主要是牲畜，现在土地的分量越来越重。由于游牧方式的放弃，自己房子周围（蒙古话叫“格林嘎达”）的草，越来越被羊群过度地吃，人也一年接一年地住，沙化非常严重，再加上更大的气候——

窦文涛：全球变暖。

张承志：像东乌珠穆沁边界这一带，现在草原沙化的问题越来越严重。

任世民：而且很多牧民尤其是年轻人，现在都城市化了，到南方城市去打工了，一般都是老人和孩子在家。他们干脆把过去的蒙古包放在县城旁边的公园里，他们不喜欢也不愿意到里面去住。

窦文涛：这个改变我觉得对他们的生活乃至内在情感和教育方式都有改变。张承志老师当过小学老师，你对那儿的孩子有什么感触？

张承志：我觉得60年代末70年代初，内蒙古在牧区深处建立教育的方针是绝对正确的。今天方向完全相反，向大城市集中教育，其实是错误的。因为只有在最基层的生产队搞教育，才能让孩子永远不离开自己的游牧文化，也不会受别的语言的侵扰，比如汉语的包围。当年我们小学用的那点经费，都是孩子们在羊毛生产的季节赶上马车到草原上去捡飘散的羊毛，捡一车羊毛卖的钱到我离开都没花完。

游牧民族没君子概念有道德底线

窦文涛：我们住城里的人啊，有时候往往意淫这个游牧生活。是不是因为那里有我们现在特别缺少的一些东西？像现在大城市老讲，谁信谁啊？往牛奶里加东西的都有了。爸爸妈妈教育小孩，不要跟陌生人说话，更甭说去帮助陌生人，那太可怕了。正因为这样，我才对你书中那种情感特别注意，你去过甘肃、青海、宁夏，包括常常写到的西海固，那地方照我看是不毛之地，穷得叮当响。可是为什么你跟那里的人会有亲如一家、长长久久的这种感情呢？

张承志：那个地方的人不仅不往牛奶里加东西，而且把卖牛奶看成耻辱。客人来了我招待你，用刚挤出的奶招待你，这是我的文明。

> 古谚云："绿草不会燃烧，恶棍不会失眠，贪官没有信仰，城市没有草原。"我检验了这四句话（用一根马鞭和一只牛犄角），发现它们确实是终极真理并坚信了很多年。
>
> ——张承志《北京草原》

窦文涛 ：你要给钱那你是骂我呢。

任世民 ：对，蒙古人不会做买卖，好多少数民族都是这样。奶是绝对不卖的，他送你。

张承志 ：90年代初期吧，我在新疆天池附近，有哈萨克人开始用大塑料桶卖马奶酒，他那个表情简直是满面羞涩，害臊得不得了。我们私下一聊天，他说我是生活没有办法了，这是很可耻的事情，你到我家的话，马奶酒全是招待客人的。

窦文涛 ：耻于言利啊，看来不光是中国的士大夫。

张承志 ：我想今天在新疆天山和阿尔泰山里的许多哈萨克牧民，仍然是拒绝卖奶的。

窦文涛 ：而且他们有一种爱生命的意识，包括你小说里写到的，一个女人可能到了四五十岁，还想抱一个正在吃奶的孩子呢，甚至她看到两条狗打架，都会像对待人一样去劝说。她跟生命同在，她对生命有一种特别的爱，这样的人怎么可能往牛奶里加三聚氰胺。

张承志 ：绝对不能想象。

任世民 ：加三聚氰胺跟谋财害命一样嘛。

窦文涛 ：曾几何时咱们说市场经济要加强监督，国家也开始说要凭道德办企业，但是我发现道德这个东西啊，是一个咱们往往觉得是假的的东西。这方面你怎么看？

张承志 ：这里边问题太大了，这可能要追问到中国文明的基础，像孔孟之道这些，它对人的道德约束力有多大？这种根本性的质疑，我没有能力回答，更没有能力解决。我只能说在培育我长大的内蒙古草原，在像乌珠穆沁这种纯粹游牧的社会里，在新疆的哈萨克山区、维吾尔绿洲这些地方，社会有着非常严格的道德底线，这个底线是不能突破的。你看那些街上的小伙子，好像二流子似的，溜溜达达，游手好闲的，但是他心里有这个道德底线，他很清楚。道德这话题在中国文学界曾一度遭到质疑甚至攻击。整个80年代和90年代初期，我觉得这个问题在中国作家中似乎是一个禁区，或者说是一个害臊的领域，大家怕谈道德，怕大胆地歌颂自己心中的理想，包括对人民的这种感情。

窦文涛：对，这是笑话。

张承志：大家比着写下流，比着写卑鄙、写背叛、写阴暗，好像这样的东西才能成为主流。

窦文涛：过去讲要做真小人不做伪君子，但是另一个命题提出来了，人能不能做真君子呢？真君子存在吗？

张承志：君子概念是另一回事。游牧民族，不管哈萨克、蒙古或者维吾尔，他不讲君子概念，他讲的是一个很简单的做人原则，这个原则没人总结过，但一个小孩从小长到大，除了个别坏的、被社会拉走的、游离出去的分子，他大体清楚一个道德界限。这个道德界限是他的恐惧、他的禁忌，他不敢轻易越过。你在世界上走得越多越会发现，世界上很多民族都存在一种不用君子概念来固定但却存在的无形的道德界限，大家都不越过它，大家都在这个范围之内来做事，所以文化上虽然有种种问题，但总体还是健康的。

任世民：这个道德界限也包括家庭方面的教育和影响，比如对待老人，对待弱者，对待穷人，应该采取什么态度。

张承志：在中亚对待弱者、旅人、老人，甚至战争中对待俘虏，都有一大套东西，用我们的语言来说就是“人道主义”，对他来说是自古以来的一种道德底线。

任世民：我举一个例子。我在北非旅行的时候，到过一个村庄，他们有一些习惯，比如说在村口摆上陶罐，里面装满清水，所有路过的人都可以享用。要知道在沙漠里水是最宝贵的东西，但他们无偿供应。我们要在那儿的话，肯定弄一个小卖部就开始卖了。这个价值观完全不一样。

窦文涛：我想这也是你跟他们感情那么深的一个原因。

张承志：人家有这样一种文明，我们怎么可能再没有一个学生的姿态呢？

指望着这样的人来改变北京

窦文涛：看看张承志老师初入伊犁的照片，当时是考古啊，到新疆。

张承志：带着内蒙古的马靴，1976年第一次到新疆伊犁的昭苏县。

窦文涛：背后是雪山吗？

张承志：天山。

窦文涛：看这风景就令人神往。

张承志：1980年我研究生毕业实习，在戈壁滩里坐着毛驴车，把吐鲁番所有的山都走了一遍。这是喀什附近的一个老人，我第一次见他的时候，他们家里正在吃南瓜和玉米，晚饭就吃这个，然后非要给我们宰羊，我当然不愿意让人家宰羊，就吃这个饭。隔了三年还是几年，我们又来看这个老人，他已经去世了，他的妻子饭端出来，还是南瓜和玉米。

窦文涛：我们到新疆也是，客人一来就宰羊，你为什么不让他们宰羊呢？

张承志：因为他的羊并不是很多，宰一个少一个，羊是很贵的。80年代西海固的农民请客吃不起羊，一般来了就给你宰个鸡，我在厨房里把鸡全分给小孩吃了。

窦文涛：你喜欢跟穷人交朋友，像在西海固，我看你的描写，那地方得穷成什么样啊。

张承志：80年代中期之前是赤贫，招待客人做面条，一共四碟菜，一碟是醋，一碟是盐，一碟辣子，然后再弄一点点野菜或者什么菜炒的渣子，咸的，让你能拌面就行了。面条里浇上一勺菜籽油或红麻油就是饭了，而且已经是好饭了。

任世民：我爱人那时候也在西海固搞医疗，进门一看，黑糊糊的炕上一堆小脑袋，就一床被子。

> 西海固，若不是因为我，有谁知道你千山万壑的旱渴荒凉，有谁知道你刚烈苦难的内里？
> 西海固，若不是因为你，我怎么可能完成蜕变，我怎么可能冲决寄生的学术和虚伪的文章；若不是因为你这约束之地，我怎么可能终于找到了这一滴水般渺小而纯真的意义？
>
> ——张承志《别离西海固》

张承志：冬天客人来了要赶快上炕，因为外边太冷。没钱买煤，炕是用扫下来的树叶烧的，一床被子大家盖着腰以下，脚都塞里边，聊天。当然现在那儿的变化非常大了。

窦文涛：这个变化你喜欢吗？

张承志：西海固的变化和内蒙古的变化，性质不一样。西海固的变化，还是中国式的农村社会的变化，虽然它是伊斯兰教气氛浓厚的地区。内蒙古的变化，包括文明、自然、语言，一切都在遭受重大的冲击。西海固更多是一个脱贫问题。

窦文涛：他们现在很多人出去打工，我觉得“拼搏”这个词得用他们身上，拼命啊简直是。你觉得在这个过程中他们内在的情感有什么变化吗？

张承志：焦虑、期盼或者惶惑，我想这样的心情现在是全球性的，不管是西海固还是北京，还是什么墨西哥、德国、日本，大家都一样。但是对他们来说，出路只有一条，他要想生活好一点，必须得有现金。光靠种山里几个土豆是没用的，冒着极大危险从山上拉下来，一车土豆就五六百块钱。必须靠男孩子出去打工，如果男孩子没有，女孩子也得出去，必须打工。今天的工人阶级就是80年代的农民。

窦文涛：过去有一种极端观点认为，谈钱、谈做买卖，会毒化人的道德。当他们这样到处打工的时候，他们还那么淳朴吗？还紧守过去一些待人处世的道义、恩义、情义吗？

张承志：这里边堕落的、被同化的、被时代的大潮卷走了再也不见踪影的人肯定有，数量也不一定很少。但也有很多人，因为从小这种道德底线的教育和熏陶，使他心里保持着一种对自己的约束。这样的小孩在北京打工的很多，但是他表现这种道德的机会社会并没有赋予他。我在北京认识好几个西海固打工的小孩，我还为他们求过我认识的一些老板，给他们介绍打工的地方。有一个孩子在饭馆打工，一个月500块钱，隔了几个月，我去检查他的存折，我说你别在北京学坏了啊，胡花钱，把存折拿出来我看看，有密码没有？我一看，心里一下就辛酸得不得了，一个月500块钱，当时大概打了五六个月工吧，存折上一排一排500、500、500、500，零消费！

窦文涛：他不花呀？

张承志：一分钱没动，饭馆管吃管住，钱最后全寄到家里，盖房子呀什么的。他心里的那种沉重和情感，不是我们能完全猜测的。

任世民：他虽然人在这里打工，但是他的归属他特别清楚，还是要回到那个地方去，毕竟大城市的门不是给所有人开的。

张承志：我倒指望着这样的人来改变北京。在北京这种大城市，各式各样的农民孩子越来越多，如果他们能得到社会的尊重和发言的机会，而且鼓励他们说出自己不跟人讲的那套内心深处的东西，可能对北京有很多好的影响。

木卡姆是不可思议的音乐

窦文涛：张老师，我对你个人倒有个问题，你几十年把自己那么深的感情维系在西北地区，维系在内蒙古草原的很多贫苦家庭当中，而往往感情也反映人内心的一种需要或困境，你心里面为什么会有这种需要呢？

张承志：不管作为个人，还是作为一个作家，你必须得有一个支撑，光靠知识的支撑，靠艺术的支撑，我觉得远远不够；最好是有血有肉的、活生生的人作为自己的支撑。当城里的朋友变化越来越

张承志在老乡家

大，越来越多的旧友疏远了，或者走上别的道路的时候，我自己的脚步走在穷乡僻壤、走在美丽的边疆，走得越深，和这些人建立更深的关系的主观愿望会越来越强烈。

窦文涛：你到他们家里去，他们的孩子甚至管你叫爹叫干爸爸，感觉是一家人了。但他们心里真的把你当自己人吗？

张承志：他们在观察，观察你是个什么人，观察当年那个人现在怎么样。我觉得人和人的感情就在次数上。你刚才讲坐吉普车到那儿喝一顿酒，感慨一番，固然可贵，但如果回来就把一切都忘了，感情也就不存在了。我想关键是能不能坚持几十年，时间如果长的话，感情会越来越深，这是毫无疑问的。

任世民：必须得有交往，才有深入的东西。

窦文涛：你生活在北京，这种感情对你重要吗？

张承志：太重要了我觉得，就像有几个咨询的活字典一样，通过他们你总能得到各式各样的、自己在城市写作过程中遇到的学问或方

> 不能简单的以“歌”概括，它是歌，是音乐，是情绪或情调，更是一种难言的原则。有一个很费解的词——天籁，中文把无法比拟由天而降的声音称为天籁，而我更向往其中的精神。
>
> ——张承志《夏台之恋》

向问题的答案。

窦文涛：反而在穷乡僻壤可以找到你要的答案？

张承志：我想是这样的，甚至我觉得，如果每个人都有一个关系很深的维吾尔族朋友，那是一件大事。

窦文涛：可能还有美的传递。

张承志：现在电视台每年搞什么大奖赛，尤其民间音乐的大奖赛，我觉得很有意思。比如新疆的刀郎被炒得很热，木卡姆这种音乐被炒得很热；但据我个人的观察，刀郎也好木卡姆也好，实际上是他们文明的一个形式，只不过表现在音乐上而已。他们举行民族风俗仪式，本身是在“念”，但我们北京观众看着电视，觉得这是在“唱”。木卡姆这个东西，客观地说，它是绝美的音乐，不可思议的音乐。

窦文涛：为什么用“不可思议”这样的词呢？

张承志：它太好听了，不在于一般旋律和节奏，而在于整个气氛。大家在投入过程中对自己心底最深处的情感有着发泄一样的表达，包括对父兄、对爷爷奶奶、对一切人的回忆和缅怀。

火药造了炮仗中国人应该自豪

窦文涛：聊了内蒙古、新疆，现在咱们可以说说世界了。我知道张老师不光是小说家，还是一个学者，你的足迹也有点符合“行万里路”了。不光在草原上跑过、在新疆待过，又在日本住过，而且在西班牙、南美洲也有你的足迹。

张承志：我到过墨西哥普埃布拉州，基本上可以断定是玉米的起源地。直到今天为止，墨西哥人上至总统下到普通老百姓，都吃一种玉米做的小饼，叫“托尔蒂亚”。我们遇到一个印第安人家，因为种种原因，房子被大地主烧了，人被赶出来，在外边流浪，找了一个地方住着。自己在山坡上种了一片玉米，每天老太太弄一些玉米棒子搓粒，磨成粉做成小饼，然后用豆子煮成很软的豆泥。咸豆子就是菜，饼就是主食，再喝一点咖啡，就是一顿饭了。这种玉米饼，中国人和欧洲人都觉得是低劣的食物，不喜欢吃，但是墨西哥人是玉米的孩子，完全是玉米养育大的。

窦文涛：我这是长见识了。其实现在全世界有个所谓“全球化浪潮”，很多独特的生活方式，乃至于农作物，好像都越见越少了，什么东西都越来越统一化，越来越一模一样，甚至不同国家的大城市也越来越像了。我最近看你写的很多散文游记，有一种感触，原来在历史上、在全世界有着那么美好的一些文明，它们表现在艺术、建筑、文学、民歌甚至待人处世上。但就像内蒙古草原一天天沙化缩小一样，似乎你也看到一种趋势，恐怕这些东西会逐渐湮灭、灭绝，所以不由得生思古之幽情。是从什么时候开始变成这个样子的呢？

张承志：全球化有过很多浪潮了，从左面来的、从右面来的，从西面来的、从东面来的，各种各样对全球化的定义。咱们现在说的实际上是一种消灭和同化少数有艺术感的文明的浪潮，这恐怕要从1492年所谓的“地理大发现”——哥伦布发现美洲新大陆算起。这是一次值得重视、也值得批评的全球化过程。

窦文涛：我学的中学历史课本基本上都是赞美哥伦布大发现的。

张承志：对啊，“1492”五百周年的时候，中国的学术界也是一片赞美之声。我觉得这是愚蠢的，因为1492年开始在拉丁美洲和北美洲的殖民化，造成的印第安人死亡数字最大是七千万，最少也有三千万人。而且七千万这个数字还不是被屠杀者提出的，是当时屠杀者阵营中的一个有良心的、叫拉斯卡萨斯的西班牙神父提出的。这位神父非常伟大，但西班牙官方包括天主教世界，我看也是尽量在贬低他的地位。他当时对这种疯狂的屠杀，这种完全没有人性的屠杀，无法容忍。他写信，反复地全力以赴地呼吁保护印第安人，写了很著名的《西印度毁灭述略》。我认为这本书实际奠定了后来《国际法》的雏形。同样为印第安人说话、为印第安人辩护、为保护印第安人工作的，还有一个西班牙神父叫维多利亚，他反对当时西班牙认为自己是文明国家就有权屠杀人、征服人、把别人变成自己奴隶的国策，他的观点被认为是《国际法》的起源。

窦文涛：从你对历史和现实的接触里，我感觉你是不是有一个基本立场，就是要为那些被压迫或者受歧视的人呼吁，是不是你还是属于相信正义相信理想那样一些价值的人？

张承志：当然是这样。我觉得这是最重要和最主要的心中的支撑，而且我想所有人都应该是这样的。如果谁认为这样是错误的话，那是他这个人有问题了。

窦文涛：可是现在你要特别坚持这种主义或立场的话，往往别人会看你有点怪，有点不通达情理。

任世民：不一定吧，那要看是谁看。这几年我们已经开始反思，应该如何对待我们民族的文化艺术，包括很多文化最核心的东西，比如所谓东方人的道德。前不久承志还讲到对火药，东方人和西方人怎么看。

窦文涛：四大发明，你觉得这里边有道德因素。

张承志：当然有。中国人的四大发明里最要命的一件发明是火药，火药在中国被人嘲笑，中国的精英也这么讲，中国人真笨、真蠢，拿它做炮仗，光听个响，是吧？而火药一旦传入西方，马上做成枪炮，而且这个杀人武器的生产变本加厉，以非常高的速度，几乎十年左右就要更新一代的速度来研制和发展。中国没有这样的历史，是后来殖民主义敲开了中国的大门，中国不得已才使用了热武器。过去中国人比英雄气概，是用冷兵器比。

窦文涛：对，咱哥俩单挑。

张承志：今天我们的精英说这很迂腐，但这里面存在一种道德。中国的火药确实造了炮仗、做了爆竹、敬了神了。但我觉得正因为这一条，中国人才应该自豪。这说明我们的文明中没有一种专门为了敌视别人、灭绝别人、欺负别人而发展起来的科学优势。我们从来没有这样做过。

窦文涛：可是哪怕付出被打败、灭亡的代价也值得自豪吗？

张承志：打败和灭亡是后来的事吧，这有一个历史阶段的问题。我们只能从今天这样一个历史观景台上回顾过去，中国的历史就是这样，这里面存在着东方式的道德。

窦文涛：那也是中国式的一种文明。

全球化有个谁做主的问题

张承志：说到玉米，必须借着玉米说几句话。中国也是个农业国，我们哪怕没有深入过农村，但是坐着火车在京广线上看到一望无际的庄稼田，任何一个人都会很习惯。而你在墨西哥很难看到大规模的农业，很难看见大片的农田，甚至在玉米的起源地普埃布拉州，田地也非常凋败，衰落得让人不能想象。一问原因，很简单，就是跨国公司生产的转基因玉米太便宜了，这样老百姓种的玉米就没有任何竞争力。与其我辛苦种，还不如买你的便宜。所以到今天为止，墨西哥大概百分之四十的玉米都仰仗进口，也就是说百分之四十种植玉米的农民实际上已经——

窦文涛：失去了生计。

张承志：这些人怎么办呢？到美国打工。美国筑了高墙，据说移民局都动用坦克了，拼命逮人，防止墨西哥老百姓进入它的领土打工，来占它的便宜。而且转基因玉米可怕在哪儿呢？它有没有毒现在还不清楚，但是它至少是不能当种子的。

任世民：这是最可怕的。

张承志：你买我的玉米你可以吃，吃完明年你想拿它留一份当种子，这玩意不长。

窦文涛：哎呦，资本家够阴的。

张承志：对，你说的这句话非常关键。第二年你还得买我的玉米。

今年价格不是便宜吗，明年我想怎么涨就怎么涨，价格我说了算。现在不是有个词叫“粮食安全”吗，那会儿就不是我跟你做买卖、卖玉米的问题了，我要求你的国体发生变化，你不变我不用出兵、不用什么制导导弹，把粮食出口一断，你国家马上就乱了。

窦文涛：所以在全球化的表象之下，世界各个角落都潜藏着各种各样的矛盾冲突。我过去听到的全球化，应该同时也是多元化，对吧？但实际看来，还有一个谁做主的问题。当年中国知识分子提出全盘西化，现在基本上是沿着这个方向在发展。你们担心吗？

任世民：当然担心了，就像今天的金融风暴一样。你说大家都有一个美好的美国梦，结果金融风暴出现在美国，给世界带来如此大的灾难。

窦文涛：让全世界买单。

任世民：这是最可怕的。到最后就是张承志说的，从1492年走到今天，它走到了一个转折点、原来说华尔街如何如何，现在全世界人来为华尔街买单，这样的社会公平吗？

窦文涛：是不公平。但是张老师，我还有一个问题，中国人有句话叫“识时务者为俊杰”，这个形势下你所坚持的某些东西，将来说不定就消亡了，那么坚持这个理想的价值和意义又在哪里呢？

张承志：我想作家也好，知识分子也好，他的任务和责任只有一条，就是坚持批判。阿谀奉承、到处去说好话、去搽脂抹粉，永远不是知识分子和文学的使命。

窦文涛：中国也有人谈到这个问题，比如说现在很多农村人跑到城里来给大工厂打工，工作条件很辛苦，也受到不公平对待。可是有人就说，实际上他们自己很高兴了，因为能吃饱肚子还能挣点钱。对他们来说，全球化也改善了他们的生活呢。

张承志：说这些话的人我觉得是饿得太不够了。他为什么不说让这些人在城里打着工，有点钱能寄回家去盖房子的同时，也有自己的权利、自己的艺术、自己的团体、自己的申诉渠道，包括法律保护，包括参政议政的权利?

窦文涛：还有自己的尊严。

张承志：为什么不能强调这些打工的人应该拥有更多的权利和可能性呢?

任世民：包括子女教育问题，他们为什么享受“二等公民”待遇?这样平等吗?

窦文涛：但你怎么理解，他争着抢着还要去找这样一个工作机会呢?

张承志：只能说他的处境太悲哀了，他没有办法，他的选择权只是这么一丝，实际上他应该享受到一捆，但他获得的只是一丝，这正是我们社会不公正和需要改革的地方……

白先勇

念过大学没理由看不懂昆曲

昆曲有它辉煌的历史，从晚明到清朝中叶，两百年独霸中国剧坛，是那时候的国剧。

没有理由说念过大学看不懂昆曲的，这个借口完全没有道理。

我们几乎从“五四”以来有系统地把中国文化排除在教育系统之外。我们不教山水画、不教中国音乐，也不教昆曲了，使得中国人对自己文化的认同有了问题。

现在的中国人其实内心有一种渴求，渴求一种美，这个美是属于我们自己的。

窦文涛：锵锵三人行！今天我要欢迎两位朋友，一位是著名作家白先勇先生，您是前度白郎今又来啊。（笑）

白先勇：三年前在香港就锵锵过了。

窦文涛：这次又来了。还要欢迎香港大学的李校长，你们两位任何一位来都有谈不完的话题，比如白先生可以谈谈您的父亲、名将白崇禧，谈谈“最后的贵族”；李校长本来可以谈谈香港大学到内地抢状元的事，但是我发现能把你们两位同时吸引到这里的，就因为一件事——昆曲。李校长我看您的名片您是工科的院士啊，您跟昆曲跟白先生是什么因缘呢？

李焯芬：简单地说就是“不务正业”。我原来念水利工程，自己也是一个文艺爱好者，从小就念白老师的小说。我们为什么结缘呢？主要是香港有一个团体——中华文化促进中心在推广昆曲这门高雅艺术，每个礼拜六下午有一个昆曲班，有一些教授、学者、昆曲爱好者来表演昆曲。大家非常敬佩白老师对昆曲的巨大贡献。白老师推广昆曲差不多十年了，是吧？

白先勇：二十年了。

人文教育需要昆曲

窦文涛：我觉得白先生这个面相都有点像昆曲了，有一种很柔美的风采呀。有一个女观众居然说《牡丹亭》这个戏很色情。我明白她那种感觉，柳梦梅和杜丽娘大段的这种眉来眼去……昆曲原来就是这样吗？

白先勇：昆曲这种眉来眼去本来就有的，但是从前老派的演法含蓄点，水袖就两个指头捏着算了。我们演的青春版《牡丹亭》，汪世瑜老师是专家，年轻时候演柳梦梅很有名，他对水袖的设计非常特别。他跟我们说，既然是青春版，就让他们更缠绵一点、靠近一点。

窦文涛：动作更火爆一点。

白先勇：用翻袖、勾打，用这些动作来表示他内心的那种渴望。

《牡丹亭》可以说是一部有史诗格局的“寻情记”，上承《西厢》，下启《红楼》，是中国浪漫文学传统中一座巍巍高峰。

——白先勇

青春版《牡丹亭》海报

窦文涛 ：也有人讲现在流行歌曲唱的全是感情，实际上是因为生活节奏太快了，年轻人跟一百年前的人很不一样了，可能没两天都上床了，反而这种特别缠绵的过程性的感情缺失了。李校长您对这个怎么看？

李焯芬 ：我在大学里面教书，我觉得现在的大学生也有人文教育的需求。像我这样念理工的，不是单修专业课就完了，现在是百分之七十专业课，剩下百分之三十我们鼓励他去修文科的课，文学、音乐、美术……什么都行。我们鼓励他欣赏优雅的传统文化艺术，像昆曲，我们现在有个构思，想编一套教材，有人说是“昆曲101”，把昆曲定为一年级修的基础课，不管他念理工也好，念医学也好，念教育念什么，都来修这门课，让他懂得欣赏我们国家这样优雅的、高水平的艺术。

窦文涛 ：您本身是做工科的，一个做工科的人懂昆曲、欣赏昆曲，您的事业为人会有什么变化？

李焯芬 ：能平衡一下工作、生活的压力。对艺术有欣赏能力，对你整个人的成长有好处。念科学的要求真，但你也需要一点求美的东西，求美的东西像是昆曲和其他艺术。还有个求善，就是自己心灵的善。

窦文涛 ：真、善、美。

白先勇 ：要真、善、美三方面来发展。

窦文涛 ：所以说昆曲能够变化一个人的整体气质，是一种人文素养。希望以后学工科的人做物理实验的时候也能哼哼这柳梦梅。（笑）

明清时代的流行歌曲

窦文涛 ：我是外行，过去我有一个印象，远远地观察，似乎觉得昆曲是一些遗老遗少对旧时代眷恋不去、对新时代难以适应的人喜欢的东西。而且那天看梅兰芳先生的回忆录《舞台生活四十年》，他讲昆曲在他年轻的时候，在民国初年的北京就已经衰落不堪了。

白先勇 ：对的。

> 我家从先祖起，都讲究唱昆曲。尤其是先伯，会的曲子更多。所以我从小在家里就耳濡目染，也喜欢哼几句，如《惊变》里的“天淡云闲”、《游园》里的“袅晴丝”。我在十一岁上第一次出台，串演的就是昆曲。可是对于唱的门道，一点都不在行。到了民国二三年上，北京戏剧界里对昆曲一道，已经由全盛时期渐渐衰落到了不可想象的地步。
>
> ——梅兰芳

窦文涛 ：是不是真是江山代有人才出，各领风骚两百年？梅先生说明朝嘉靖年间有个叫魏良府的人，对昆曲有很大创建。从那时候到清朝乾隆雍正年间，大概小两百年是它的繁盛期，人人嘴里都哼着，就是现在的流行歌曲啊。但是到了民国初年，梅先生就觉得昆曲的词是不是观众觉得太雅了，不像京剧那样朗朗上口大家都能懂。您觉得昆曲现在是不是一种雅人雅士才能玩的东西，它真能发扬光大吗？

白先勇 ：昆曲有它辉煌的历史，从晚明到清朝中叶，两百年独霸中国剧坛，是那时候的国剧。

窦文涛：那时候皇帝也看昆曲。

白先勇：不光皇帝，上至王亲下至市井，一般民众也唱昆曲的。

窦文涛：那时候普通老百姓的文学修养很高吗？《牡丹亭》里的很多词我觉得是非常文人化的啊。

白先勇：那时候很多人唱，有些词他未必懂，未必很了解词意，但他也唱，朗朗上口的。到现在为止，浙江遂昌这个地方——汤显祖在这儿待过，听说当地有些农民还会哼《牡丹亭》的曲子，会唱几句，可见昆曲曾经深入民间。在明朝的时候苏州虎丘中秋夜还有昆曲比赛，就像现在的“超女”。

窦文涛：有这般光景啊？

白先勇：有的，它曾经深入民间，很广泛的。

窦文涛：但是现在的民间有了很大变化。

白先勇：但是话讲回来，现在民间的知识水平高多了，教育普及多了。没有理由念过大学的看不懂昆曲，我觉得这个借口完全没有道理；在中学里念过白居易的《长恨歌》，没有理由看不懂昆曲《长生殿》。

窦文涛：要是把字幕打出来，大学生当然都能看得懂。

《牡丹亭》百场庆演海报

原来姹紫嫣红开遍，似这般都付与断井颓垣，良辰美景奈何天，赏心乐事谁家院？朝飞暮卷，云霞翠轩，雨丝风片，烟波画船，锦屏人忒看的这韶光贱。则为你如花美眷，似水流年，是答儿闲寻遍，在幽闺自怜。

——《牡丹亭》

李焯芬：以前我念香港大学时，才两三千大学生，现在已经十几万大学生了，教育越来越普及。台湾现在有一百多家大学，内地也有很多大学。大学生有一定的文化水平，配上字幕以后他是能欣赏的。

窦文涛：但是把周杰伦跟它相比，他会更欣赏哪一个呢？更扑向哪一个呢？（笑）

白先勇：两个其实不是一回事，他可能今天看周杰伦，明天看昆曲。两个都可能喜欢。

窦文涛：它是两种不同的情调。

李焯芬：能感动人的艺术就是好艺术，不管它是流行歌曲也好，它是昆曲京戏也好。

白先勇：昆曲的艺术成就非常高。譬如说，第一它的词句美，文词美极了，你看完文词，等于上了一堂唐诗宋词的课。唐诗宋词是昆曲的大传统。中国人对诗很着迷，昆曲很能体现诗的意境。第二音乐美，那个笙箫管笛一来啊，婉转缠绵、一唱三叹，非常缠绵、非常美。

窦文涛：像我这个外行听起来——我过去京剧听多了，大概知道京剧的唱腔，第一次听昆曲的时候，觉得它真像唱歌，甚至像现在的流行歌曲，呜呜咽咽的那么一种——

白先勇：它的音乐有一种让人着迷的地方。第三是它跟其他剧种都不一样的地方，它的舞蹈、它的身段，特别严格。所谓无歌不舞，每唱一个词都有一个身段来配合，来诠释这个唱腔，所以它的身段可能是最极致的。我们这次到美国演出，外国人叹为观止的是它的身段，它的水袖动作等于我们的书法一样。

窦文涛：他们能领略里面的味道？

白先勇：完全能领略。

裂缝里的草生命力强

窦文涛：我有时候想想，现在占据我们眼球的都是一些什么样的文化产品！相比之下您在这里讲昆曲，让人觉得有一种末日黄昏，一种悲壮的感觉。就是说您的努力挺好，但是不是螳臂当车呢？甚至有人说，传统文化消失就消失了，历史几千年不少东西都消失了。个人的力量真的能够挽回什么吗？

白先勇：我的感觉是这里有一个过程。当国家很穷的时候，你吃饭都有困难的时候，你讲什么文物保护——当年梁思成跑到山西去看古建筑，当时没有保护条件。但是现在经济一步步发展起来了，全国都是工地，开发了很多东西，教育水平又慢慢提升；人的欣赏水平，国家对古文化的保护会越来越关心。比如重庆下游有一个小岛里边有一些古代水文记录。

窦文涛：我去看过，不是被三峡工程淹没了吗？

白先勇：现在又花了差不多一个亿的资金搞了一个水下博物馆，把古代的水文记录封存起来，从岸边修了两个隧道，你可以进去看那个古代记录。我觉得你有了经济条件，慢慢可以把我们精神的艺术的宝物好好保存下来。我还是比较乐观的。

窦文涛：学工科的有工科的角度，要不说现在是工科的当领导嘛。

白先勇：21世纪物质条件渐渐有了，我们精神上的觉悟、心态上的觉悟也要有。我不相信一个曾经有五千年辉煌历史的民族，会把精神上的文明真的完全抛掉。不可能的。或者就让它们现在这么衰微下去？我觉得中国人的内心是不愿意的。我做《牡丹亭》的时候，最感动的是很多年轻人看到《牡丹亭》在台上发光，看到古代文化那么美那么让人感动，他会激起一种文化上的享受——原来在几百年前我们的祖先曾经有过那么美的东西。我觉得保护这些东西是21世纪对于我们整个民族一个最大的挑战。

窦文涛：照《牡丹亭》的成功来看好像觉得很有希望，可是也有一种观点，说现在您在中国搞这种传统戏剧传统文化叫“水泥地上长草”。什么意思呢？特别是在大陆，我们经历过“文革”，当年对许多旧的东西采取的是铲草除根的态度。照悲观的人看来，这种审美的底子好像是被从一代人的心里铲除了。你现在再把它恢复起来，它是否还能够真的被接受？还有人说《牡丹亭》是因为白先勇，因为青春版，很多漂亮小伙子、漂亮姑娘上去演了，所以我们起个哄、好个奇，去看一看。

白先勇：你刚才拿草来比喻，“水泥地上长草”，但也有一句话叫“野火烧不尽，春风吹又生”。草的生命力很强的，水泥地总有裂缝吧，裂缝里长出来的草特别强韧，是经过了水泥的封闭以后再蹦出来的生命。我觉得我们文化的草，上面铲除了可能——

窦文涛：但是根很深。

白先勇：对，根在下面，就要看我们怎么去灌溉了。

李焯芬：我完全同意白老师讲的。其实爱美是人的天性，不管古代也好现代也好，可能有不同的审美观，但人人都会爱美。你看我们的女士，每个朝代都有一些很美的装束，每个朝代都有不同的美的标准。现在我们除了要求物质文明以外，也要求精神文明、要求尚美的仪表。我举个例子，香港每年都有滑坡和泥石流，香港人叫“山泥倾泻”，以前怎么做呢，把水泥喷在山坡上，把雨水隔开。现在不是这样弄了，我们用了一个新的方法，在山坡里打一些土钉子，一条一条钢筋打进去，把整个山坡捆起来，捆起来就稳固了，土就不下来了；然后在山坡表面种树、种草，绿油油一片，又环保又安全。我们现代人不但要求稳固，还要求美观、环保。

窦文涛：您是个乐观派，一切都在进步。

李焯芬：是，人是不断在进步的。

教育把传统文化排除在外

白先勇：我们演了一百多场《牡丹亭》，我看了八十多场。我一方面看戏，一方面在感受观众的感受。

窦文涛：看这么多场会不会闷呢？

白先勇：不会，每场的感受都不一样，我看观众怎么反应。我们中国人过去“破四旧”，几乎从“五四”以来有系统地把中国传统文化排除在教育系统之外，我们不教山水画、不教中国音乐，也不教昆曲。我们的音乐系基本上是西洋音乐，我们的美术系基本是西画。这样就使得中国人对自己文化的认同有了问题，很混乱、很薄弱，这其实是很大的问题，是教育制度上需要重新检讨的。

窦文涛：提到“五四”，我前两天看到好像鲁迅也不大喜欢京剧。他写文章讲中华民族最伟大、最永久的艺术——他是讽刺了——就是喜欢看男人扮女人。对这个您怎么看？

> 我们中国最伟大最永久的艺术是男人扮女人。异性大抵相爱。太监只能使别人放心，决没有人爱他，因为他是无性了……然而也就可见，虽然最难放心但是最可贵的是男人扮女人了，因为从两性看来，都近于异性，男人看见“扮女人”，女人看见“男人扮”，所以这就永远挂在照相馆的玻璃窗里，挂在国民的心中。
>
> ——鲁迅《论照相之类》

白先勇：我觉得鲁迅那时候很偏激，他把京剧啊什么的都归于旧文化。那是打倒“孔家店”、打倒旧文化的时代，是一种激进主义。我觉得现在的中国人其实内心有一种渴求的——否则青春版《牡丹亭》演不了一百多场——渴求一种美，这个美是属于我们自己的。我们在北大百年纪念堂演完，看到学生们拥到前台不走，脸上发光似的，好像参加过一场文化仪式，经过一次洗礼一样。我觉得他们的内心一下子被感动了。我相信他们听莫扎特会感动，听普契尼的歌剧会感动，但是他们的结论说那是西方的文化、是人家的东西，我们可以欣赏也会感动，但是看完青春版《牡丹亭》这么美、这么了不得，是我们自己的！有一位加州大学圣地亚哥（分校）戏剧系教授 Mary Ann Doane，是个希腊悲剧专家，著作等身。我们的光盘录下来，她看完以后激动得不得了，当场讲这是我看过的最伟大的一次表演；然后再加一句，这是我一生中看过的最伟大的表演。我想一定是昆曲的美学让她看到了我们文化中很了不得的成就。一个同时歌同时舞，同时又在诠释一种非常美的诗的意境艺术，做到了歌、舞、诗天衣无缝的艺术，不多的。

窦文涛 ：您小时候家里跟昆曲是不是有什么关系？

白先勇 ：倒没有。只是很偶尔的我母亲带我去看了一次。我九岁在上海，看到梅兰芳跟俞振飞演的《牡丹亭》里的一折《游园惊梦》，从此结了牡丹缘。

窦文涛 ：那个时候就懂吗？一看就喜欢？

白先勇 ：完全不懂。那时候大家都去看梅兰芳。第一，觉得他很好看；第二呢，音乐好听。小时候听的音乐不会忘的，听过一次那种 melody，就一直在我脑子里。

窦文涛 ：成了一种童年记忆。

白先勇 ：对的，变成一种很深刻的记忆。后来我学文学，看《红楼梦》，看《儒林外史》。《红楼梦》里面元春省亲，贾府给她看戏，贾琏到苏州去弄了一个戏班子回来，全是小女孩，什么芳官、龄官那些——

窦文涛 ：她们唱的就是昆曲啊。

白先勇 ：就是昆曲，里边有《牡丹亭》、有《长生殿》，都是名剧。昆曲在乾隆时代很流行的，王妃回家的时候都看昆曲。

窦文涛 ：像您小时候看梅兰芳、俞振飞他们，当时感觉是不是就跟

水墨《牡丹亭》（马得 绘）

昆曲发轫于苏州邻近同属于吴语系的昆山绝非偶然，吴侬软语，也就决定了昆曲委婉绮丽的风格。柳暗花明、曲径通幽的苏州园林艺术，巧夺天工、色彩精艳的苏州刺绣，吴门四大家清丽淡雅的画风，其实与昆曲都属于同一文化系统，也都是“江南文化”的精髓。

——白先勇

今天追大明星似的？

白先勇：就是这个意思，（他们）就是那时候的周杰伦。（笑）

窦文涛：我听说太太小姐都把金银首饰扔到舞台上，真有这样的？

白先勇：那时候不得了，我们看梅兰芳的演出，黑市的票卖到一根金条。

窦文涛：天哪！

李焯芬：和我们现在演唱会是同一个原理。我们现在其实有条件推动这种民族的文化艺术。现在我们大学生都讲要全球化，要培养全球视野，我们的学生也到美国、欧洲去当交换生，了解人家的文化、欣赏人家的文化。同样，美国的学生也愿意来我们的大学当交换生，他们看准了中国正在崛起，他们愿意了解。我的感觉是，做传统文化艺术这条路应该越走越宽。

窦文涛：问题是我们得拿出好东西给人家看。

李焯芬：人家来就是要看你的好东西。

精致文化也要“上网”

白先勇：有时候我教文化课，跟外国人讲我们的书法、我们的绘画，拿一些图片给他们看。他们问我，我们到中国内地到台湾，到哪个大学哪个系去研究这个？我心里面就沉下去。我们的北大或是台大，没有哪一系是专门研究诗词、山水画的。我们哪个大学研究宋朝瓷器？有吗？可是我们的瓷器是多么了不得的成就啊，哪有一个系来研究这些宝贝？没有。我们太忽视这些了不起的传统文化了，我们太把传统文化课程排除在外了。

窦文涛：我们受西方教育影响很大，以至于十几年前的时候我还跟人争辩，说中国画没什么好看的，都是那么几笔在地摊上画的，还是西画了不得。但是这十年来要忏悔，因为看到比如台北故宫博物院那个展览，太了不得了，范宽、李唐、郭熙……哎呀，你真觉得，当然西方的也好，但是咱们在精神的高度上、在艺术的高度上，真是不输给他们。

白先勇：这点自信是很重要的。

窦文涛：说回青春版《牡丹亭》。过去总感觉中国的艺术都千锤百炼，比如当年那些名角一辈子都在如琢如磨如切如磋地摆弄他那艺术。但是现在这些年轻孩子们，您认为他们达到的昆曲艺术水准能让老行尊们点头吗？

白先勇：这是很大的危机，对昆曲也好，对其他传统艺术也好。像梅兰芳那一代，他们的训练是不得了的，这个时代恐怕难了。现在青春版《牡丹亭》的男女主角，我要他们拜师，行古礼，磕头。张继青跟汪世瑜这两个顶尖的老师傅，手把手教了一整年，魔鬼营式的训练，早上九点下午五点……他们本来有四年做课四年演出的经验，再经过一年这种很严格的训练，才演得出《牡丹亭》。我们做青春版《牡丹亭》也是要训练一批年轻演员来接班，现在很有断层的危险。这个问题我要大声呼吁，真的，只有政府能够办得到。

窦文涛：所以做《牡丹亭》还是一个开始。

白先勇：是，第一步。

李焯芬：我们现在的年轻人语文程度都在下降。其实也不单是中国内地、香港或者台湾的现状，全世界都碰到这样一种情况。怎么说呢，像我们这个年纪，小时候电视还不是很普及，很多人喜欢看书，看文学书，那你的语文水平就比较高。现在不是了，看电视、打游戏、看漫画，各种花样的活动，时间分得很广了，不单是看书。语文水平如果不看书是会受到影响的。不单中文，英文也是一样。白老师说我们要重新培养年轻人的语文能力，要他们背一些唐诗宋词、经典的著作，我觉得现在回过头来做这些事还为时不晚。就像我们污染了一些湖泊、江河，但你及时回头治理，是可以把问题扭转过来的。

窦文涛：实际上现在很多人坚持跟古人对话，但这样的人往往在这个社会里活得很寂寞，没有人理解你。比如昆曲，一个动作、一个唱腔，多么精微，但是有些人说，这个世界上有多少人能听得懂？中国文人为什么自古以来就是什么“满纸荒唐言，一把辛酸泪。都云作者痴，谁解其中味？”这个矛盾——

白先勇：我相信一定有的，从古到今，从中到西，都有的。有一种精致文化，虽然不普及，但它很重要。杜甫当年写的诗，我相信没几个人看啊，从前的印刷又不发达，他写的诗就给朋友看看，可是他的影响力多大呀，他的重要性不得了的，这就是所谓的精致文化。昆曲也许看的人不多，可是看过的那些人很要紧哪。

李焯芬：您怎么看把《牡丹亭》这种精致文化上网的可能性？现在的年轻人都上网，如果他们能够透过网络欣赏——

白先勇：我们现在就把它往上贴，把有些片段上网。我为《牡丹亭》自己去学上网……

傅佩荣

「国学热」满足了一种文化乡愁

孔子的志向是十二个字："老者安之，朋友先之，少者怀之。"古今中外，没有任何地方实现这十二个字，但是没有任何地方不以这十二个字为最高理想。

人生真的是一个辛苦的历程，你稍微松懈就要往下走。我们说"从善如登，从恶如崩"，做好事像爬山，很辛苦，不能松懈；做坏事就像滚下山。

孔子说："若圣与仁，则吾岂敢。"但你至少知道圣人是什么样子，知道之后才能"虽不能至，心向往之"。人活在世界上，最怕内心无所向往，感觉生命好像就停在这里。

窦文涛：锵锵三人行！今天我跟文道一道迎来了一位台湾老师，真是老师呀，因为文道说——

梁文道：我是从小看傅佩荣老师的书长大的。

窦文涛：现在不能随便跟人这么说吧，这不把人往老里说吗？（笑）

梁文道：你要跟歌星或者窦文涛说，我看你节目长大的，那就很不好受。但是学者不一样啊，这是尊荣，我们都是看学者的书长大的。而且你知道在台湾搞哲学的人能闹到这份儿上，真是不容易。以前说“凡有井水饮处，皆能歌柳词”，傅老师是凡有7－Eleven的地方，就有他的书，是唯一一个哲学家的书居然连二十四小时便利店都在卖的。

窦文涛：跟方便面一块卖，哈哈。

文化寻根到了“理念”层面

窦文涛：傅老师，我知道要讲《论语》，您可是老皇尊了。您原来师从方东美先生，我对方东美也很感兴趣，他是新儒学的一位大师

一代大哲方东美（1899—1977），安徽桐城人，桐城派始祖方苞旁系宗亲，毕业于威斯康辛大学哲学系。1948年任台湾大学哲学系主任。方东美深研中西哲学，最终回归于中国文化本位。他把原始儒家、原始道家、大乘佛学、新儒学看成中国哲学的四大传统。

啦。然后您从台湾去美国，给美国人讲《论语》——

傅佩荣：是在美国念书。后来到比利时卢汶大学跟荷兰的莱顿大学，在那边教儒家。

窦文涛：外国人听咱们《论语》，他们的反应跟中国人有什么不同？

傅佩荣：开始的时候他们会认为你们讲的伦理学是从你们那个环境里产生的。比如我问，你们在车上坐车，看到老太太会不会让座？他说我们没有这个问题呀，我们都规划得很好啊，不会有人没座位的。

窦文涛：（笑）我们还是地少人多。

傅佩荣：我说假设嘛，假设你真的看到老太太没座位，你会不会觉得不好意思？他们说确实会觉得不好意思。从这个地方入手，就可以谈到孔子、孟子，谈到心安不安、忍不忍的问题了。因为儒家思想的关键在于，你要有一种自觉，要真诚地想假如我是他，假如这个老太太是我的祖母，我会怎么样。从这个角度他们就愿意去思考，觉得儒家讲得还不错。

窦文涛：“老吾老以及人之老”嘛。但是我们外行通常的印象，感君子所以异于人者，以其存心也。君子以仁存心，以礼存心。仁者爱人，有礼者敬人。爱人者，人恒爱之；敬人者，人恒敬之。

——《孟子·离娄下》

觉儒家非常讲究自我克制的功夫，讲究“忍”的功夫。您跟外国人讲这个，他们会同意吗？

傅佩荣：事实上儒家是从真诚出发，要先自我检讨。比如孟子说如果你对我很凶，我就要先问自己三件事：第一我是不是“不仁”，不够仁德？第二我是不是“无礼”，自己没有礼貌？第三我是不是“不忠”，做事没有尽心尽力？反省完毕之后，发现我都做到了，那你完了。孟子就直接回过去说，你是狂妄之人，狂妄之人跟禽兽一样，对禽兽何必计较呢？

窦文涛：我发现现在这个“国学热”啊，确实很多人感兴趣，但也有人说，现在大陆的“国学热”是假的，是虚火，并不是真的热。我就想起于丹，于丹火到什么程度呢？监狱都要请她去演讲，她已经火到自己都苦恼的程度。一到什么地方，好家伙，当地领导迎接，场面盛大。您也是讲《论语》的，您对“于丹热”怎么看？

傅佩荣：我对她的印象是我的一个学生到大陆探亲，在西湖畔看到一个中年男子拿一本书在看，就是于丹的《〈论语〉心得》。我的学生告诉我这件事，我特别感动。我们都知道，中年男子很少看书的。

窦文涛：为什么？我就是中年男子呀，我现在整天看书呀。

傅佩荣：你是文化人，不一样了。

窦文涛：我都不看妹妹了，我整天看书啊，哈哈。

梁文道：他是跟妹妹一起看。（大笑）

傅佩荣：他们到这个年纪，就忙于生活忙于工作嘛，居然有人拿一本书在西湖边看。我觉得能够让一千多万人愿意买书看，借此了解自己传统文化里面的孔子，她的贡献了不起。她在做文化上非常重要的“扫盲”工作，能够满足大多数人在文化上的乡愁。

窦文涛：乡愁？就是没根的感觉是吗？

傅佩荣：文化上没有根。这些年许多人想从各种历史剧，从《三国（演义）》《红楼梦》里面去找。现在大家觉得好像应该找到理念层面了，理念是什么？就是到底你心里想什么？你认为什么是真善美？你认为人生应该怎么过？这种价值观的问题就浮现了。而这个时候于丹讲《论语》出现了，包括她后面讲庄子的书销售都非常好。我觉得这是满足了很多人对文化的一种乡愁。

窦文涛：但是文道，你不也听说过许多人对于丹也有批评吗？

梁文道：很多了。不是有十博士吗，我不知道为什么现在中国很流行十博士——傅老师要小心啊，您在大陆越来越红的时候，一定是十个，不是九个，也不是十一个，十个人出来都是博士。

窦文涛：十全大补丸，哈哈。

梁文道：他们就联名写信，批判于丹，说于丹那本书跟她的说法有很多错误，是误导人。也有很多人批评说，一个学者去搞这种通俗化的东西，很不恰当、很不严肃。我想傅老师您也应该听过类似的批评吧？像您的书那么好卖，您开的课那么受欢迎，在台湾到了街知巷闻的地步，会不会也有人觉得，哎，做教授做学者是不应该这样抛头露面的。

窦文涛：您算是台湾的于丹吗？

傅佩荣：有人这么说。他们如果要找一个在台湾推广国学有点知名度的，大概会想到我。我自己三十年教学，我做的专业研究像《论语》《孟子》《老子》《庄子》《易经》都有专门的翻译、解读、研究、出版，所以从现象来看，恐怕差不多。但你还要看另外一点，就是你深度到底够不够？将来能不能长久维持下去？我觉得对于丹所说的东西加以批评，并不是很难的事情，她说是她的心得嘛，每一个人都有不一样的心得。如果哪一天真的有十博士对我的书有意见，我非常乐意做一个公开的辩论。

孔子最反对“好好先生”

梁文道：我想起来一件事，我小时候在台湾念书，老蒋在的时候很强调推动国学教育，中学里要读甚至背一些经典，像我自己小时候是家里面逼着背《论语》。我不知道傅老师怎么看台湾这种东西？

台湾中小学校非常着重国学教育。从小学二年级起，每个学生都必须用毛笔写作文。到了中学，学生每学期要学十五到十八篇课文，其中文言文至少占一半。高中国文教科书包含三种：《高中国文》《国学基本教材》和《国学概要》，其基本内容就是“四书”。

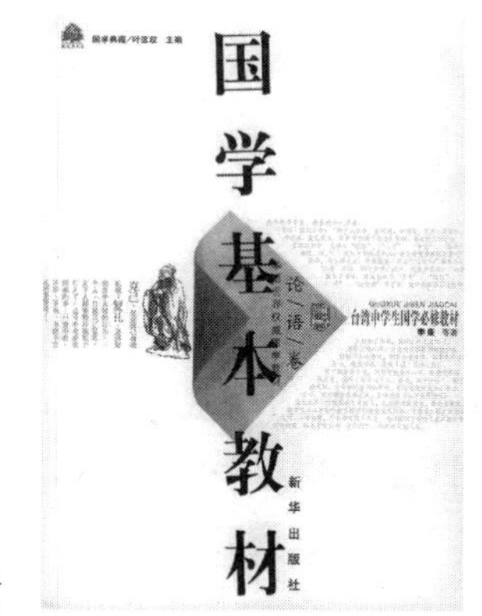

内地引进的台湾国学教材

窦文涛：这也是我想问的。您刚才说现在“国学热”满足了一种文化乡愁，因为在大陆传统文化这些东西曾经被“斩草除根”，但是相比之下台湾一直在讲四维八德、忠孝礼义廉耻。我们现在见到的台湾人，至少表面上感觉都很热情、厚道，挺有礼貌。可是我也有一个台湾朋友自我批评说，那是表象，这叫伪善，这正是传统文化当中糟粕迂腐的东西。而且说你看，今天台湾人心坏了，是吧？这说明以道德、以儒家伦理搞的这种东西，最后都不成功。

傅佩荣：我们谈到一个国家或一个地区的发展，不管怎么努力教育，都不能忽略人是自由的，并且每个人在生命的不同阶段会有不同的需要。如果内在的信念跟外在的诱惑不成比例的话，他就跟着走了。所以你不能因为台湾过去一直维持儒家，人心并没有特别好，就说以前的教育是错的。就像我们现在常常在社会上演讲，很多人说你再讲也没用，社会还是那么乱。我们怎么想呢？如果我不讲的话，说不定更乱了。人的生命是在时间过程里面展开的，不可能回头作实验。我们今天只能问，每一个人在这个文化氛围里面，能不能够找到让自己生命安顿的力量？世界很多国家在文化推广上都很努力。我举个例子，奥地利人跟德国人同文同种，他们如果想当德国人很容易，走过去就对了。但奥地利为什么一直存在？因为他们的电视啊，每天晚上收工的时候，最后一定是一句口号“没有奥地利，就没有欧洲；没有欧洲，就没有世界”。为什么？因为他们以前是奥匈帝国。他把历史接上来之后，让所有小朋友睡觉以前都在想，噢，没有我们奥地利就没有欧洲啊，没有欧洲就没有世界，他肯定生命的尊严，肯定我作为一个奥地利人是光荣的。所以每一个国家都要用这样一种方式来稳定自己，要不然所有人都做美国人了，那怎么办呢？我觉得要谈台湾儒家教育的效果，还是要看社会普遍的气氛如何，如果经济崩溃的话，你叫人心去往上走，那是强人所难。

窦文涛：儒家伪善吗？虚伪吗？

傅佩荣：儒家正好针对虚伪这一点。孔子最反对的一种人，唯一一种不教的人是谁呢？乡原。乡原就是伪善，他没有原则、没有标准，是好好先生。而儒家的基本原则是真诚，但是形成礼乐制度之后，很多人只有外表，没有内在。庄子批评孔子，说你们儒家讲仁义，很多人就为了这个好名声假仁假义，到最后不仁不义。所以儒家的缺点在于太过明确地把立场标定出来，以至于规则出来之后，就有人违反规则。

梁文道：我觉得很有意思的是过去内地为什么批判儒家？就是它曾经很长时间被认为是一个王朝的意识形态。台湾也有人觉得蒋介石当年也是要把它当成一个意识形态。再回到今天的内地，也有一种批评说今天的“国学热”当然可以说是为了一解文化乡愁，但同时也有个作用，是不是今天要维护大局也把它拿来当成一种新的意识形态，或者旧的意识形态复活？会不会有这种趋向呢？

傅佩荣：你说得没错。事实上，两千多年来孔孟的思想从来没有实

> 孔子曰：“过我门而不入我室，我不憾焉者，其惟乡原乎！乡原，德之贼也”……阉然媚于世也者，是乡原也。
>
> ——《孟子·尽心下》

现过，两千多年来中国的政权都是四个字：阳儒阴法——表面儒家里面法家。谭嗣同早就说了，两千年的政治是秦政——秦始皇的政治，两千年的学问是荀学——荀子的学问。真正孔孟的学问，像我刚才说的从真诚出发，自我修炼、自我克制，设法从自己开始、自我要求，这样的观念并没有普及开来。但是不管怎么样，今天是一个改革开放的时代，我们要把握这个契机，把真正儒家的思想展现出来。

窦文涛：这是不是一个不可能的任务？

傅佩荣：从来没有一种理想是可以完全实现的。你如果了解孔子，就知道他的悲愿有多大。他说他的志向是十二个字："老者安之，朋友先之，少者怀之。"古今中外，没有任何地方实现过这十二个字，但是没有任何地方不以这十二个字为最高理想。其他宗教像耶稣、释迦牟尼，都希望达到这样一种世界大同的理想。所以我们对于儒家思想了解得越多，就越觉得应该好好地对待孔孟思想，深度去加以认识。

窦文涛：关于这个理想啊，好像在历史上我们受理想之苦也很多年了。就是往往会给我们树立那么远大的、遥不可及的理想，比如我们现在知道共产主义也要经过社会主义才能实现，但是我小时候觉得好像明天就要跨入共产主义了。所以我现在就觉得，如果有人跟我讲这种不可能的任务，这种人类大同，或者如何美好，或者我们都是正人君子，我总容易在心里半信半疑。

傅佩荣：所以你要设法自我反省。我讲一段比较具体的，孔子每天担心什么呢？四件事，第一"德之不修"，我的德性没修养好；第二“学之不讲”，我的学问没有研究好；第三“闻义不能徙”，听到该做的事没有跟着去做；第四“不善不能改”，我有错误没有去改过。这就是孔子呀，他每天担心这四件事情。你想想看，这样的人每天担心我错了我要改，他还会有什么不对呢？他的学生曾参受到启发，“吾日三省吾身”，替别人做事有不忠吗？跟朋友交往有不信吗？我教学生，自己没有先做到吗？这是真正的儒家。

窦文涛：可要是别人都是骗子，我天天三省吾身，我会不会很吃亏呢？

傅佩荣：儒家强调我怎么跟别人相处，三个原则：第一，内心感受到真诚。比如我现在跟你说话，我们第一次见面，但我还是要就你的问题很真诚地把我所知道的说出来，我不刻意隐瞒，也不刻意讨好谁，内心做到真诚。第二，对方期待需要沟通。你现在提问题，代表你希望我回答。我可能会跟你说，这个问题太高了我不能回答，或者这个问题我还没有想过。我跟你沟通一下，你就会调整问题。第三，社会规范要遵守。比如只能讲三分钟，我就不能讲三分零一秒。这三点如果每个人都做到的话，还有什么问题？

窦文涛：您怎么看这种所谓“君子”的为人处世呢？

傅佩荣：基本上君子是要求自己的，像孔子说的“君子和而不同”、“君子周而不比”、“君子泰而不骄”、“君子坦荡荡”，这四句话你做到，才有资格算君子。“和而不同”什么意思呢？我跟你政党不一样，我还是可以跟你和谐。“周而不比”，我爱每一个人。“泰而不骄”，我不会有自我中心的骄傲。“坦荡荡”，我跟每一个人都很坦荡地交往。

儒家有政治批判传统

梁文道：我还想请教，我以前在香港中文大学念书的时候，我们念哲学的一帮人受到的是另一路新儒家的影响，是唐君毅和牟宗三先生。那时候虽然我没有太多地研究中国哲学，但我有个印象，儒家还有一个很刚健的甚至在政治上很具批判性的角色在里面。

窦文涛：对，“天行健，君子以自强不息”。

梁文道：而且它是有批判传统的，特别明显的是像黄宗羲这样的。您怎么看这样一个传统呢？

傅佩荣：你说得没错。事实上，在汉朝前后几百年里没有人谈孟子，为什么？因为孟子的批判性太强了。他讲三句话没有人受得了，只要有权力的人都怕他。他说如果国君把大臣当做手脚，手脚受伤你会保护一下、照顾一下，大臣就把国君当成心和腹，来保护你；国君把大臣当做狗和马来利用，利用完了就不管了，反正你是我养的，大臣就把国君当做“国人”，国人就是路边的人，我拿钱办事，你不给我钱我不理你；如果国君把大臣当做泥土、草芥来践踏，大臣就把国君当做强盗和仇人来抵抗了。你想想，这三句话历代哪一个国君可以忍受？孟子说：“民为贵，社稷次之，君为轻。”到朱元璋就受不了了，明朝天下一拿下来，就想把孟子赶出孔庙。结果那天下大雷雨，官员说不行呀，上天示警呀，你不能把孟子赶出去。

窦文涛：还真这么神！

傅佩荣：朱元璋还是气不过，就下令把孟子这些反动言论去掉。

梁文道：反动言论，哈哈。

> 孟子告齐宣王曰："君之视臣如手足，则臣视君如腹心；君之视臣如犬马，则臣视君如国人；君之视臣如土芥，则臣视君如寇仇。"
>
> ——《孟子·离娄下》

傅佩荣：所以明朝初年有一段时间《孟子》里面少了好几段，这就是儒家批判的精神。但是这么多年来我们最遗憾的是什么？像电视剧里演的那些念书人，一辈子念儒家，上了朝就跪在地上，"君要臣死，臣不得不死"，这怎么是儒家呢？你能想象孔子、孟子跪在地上吗？

窦文涛：儒家是不跪的吗？

傅佩荣：不是不跪，孔子跪呀，而且跪得比别人多。孔子以前被人家嘲笑他谄媚，为什么？孔子那个时候叫春秋末期，天下大乱，纲常慢慢废了。按照以前的礼制，你见国君要跪两次，第一是到堂下先跪，第二是上了堂再跪。别人都想着我在堂下跪，隔那么远国君也不知道是谁，就把第一跪省了，到了上堂的时候再跪。只有孔子例外，他跪两次。孔子身高192公分，这么高的个儿一跪下去，所有人都注意到了，就说你喜欢谄媚嘛。但这就是孔子啊，你有礼还没有废，我一定遵守。

窦文涛：所以有些古代知识分子自称孔子门生，实际上不太一样。不过我也听到一种批判，说儒家讲修身、齐家、治国、平天下，其实心理最阴暗的就是知识分子。比如当年清朝的文字狱，那可都是知识分子给挑出来的。甚至有人检讨到"文革"，说那不都是你们知识分子整知识分子吗？包括说现在知识分子的心眼最小，甚至连普通老百姓都比不上。有这样一种极端的论调。

傅佩荣：你不能够因为某些事情，就把整个知识分子概括进来。宋朝学者张载讲过一句话，“大其心则能体天下之物”，“民胞物与”，“干为坤，坤为母”，以天作父，地作为母，老百姓都是我的手足或者兄弟姐妹，万物是我的同伴，互相与也。你想想，这种心胸多大？

> 民吾同胞，物吾与也。万物皆天地所生，而人独得天地之正气，故人为最灵，故民同胞，物则亦我之侪辈。
>
> ——张载《西铭》

祖宗是我们的“宗教”

梁文道：最近大陆这种“国学热”傅老师说是文化的乡愁，但是其他国家好像没什么乡愁，因为它们向来都在，对不对？我举个例子，像耶鲁、哈佛这些美国最高等的名校，它们推行那种通识教育，就算你是念物理的念医学的，你也要过来念一念柏拉图的《理想国》，也要学一点西塞罗、莎士比亚，都有这种传统，中学也是这样。他们这种教育的好处在哪里呢？

傅佩荣：在美国念大学确实要念这些。一个人上大学之后，你必须有基本的理念，你不能光成为一个会赚钱的人，这是不够的。我稍微研究过美国的一个特色，它有三种力量支撑整个国家的安定：第一是清教徒的精神，当初美国人是从欧洲移民过来的，那些清教徒比较保守，叫做原教旨派之类的；第二是广大的南方的农民，南方农民安土重迁，坚持某些道德价值；第三就是大学，美国的大学是象牙塔，但它是发着光的象牙塔，社会一有问题就找大学里面的教授，这些教授也尽量排除个人利益，就事论事，给政治、社会提出许多针砭的方法。这三种力量合起来美国就相当稳定。提到文化乡愁我就想到犹太人，犹太人是一个很特殊的民族，他们自称“上帝的选民”，但事实上以色列直到1948年才建国。在此之前他们怎么过日子呢？就靠一本《圣经》。他们把《圣经》当做可以移动的、可以携带的祖国。他们可以走遍天涯而不至于失落，就靠这种文化认同。

窦文涛：说起这个我想起最近中国出现的很多恶事，比如黑煤窑和矿难，我发现有的新闻评论员在评论这些事情的时候会说，中国人没有宗教感。包括前一阵电视选秀节目被广电总局叫停，我也听到有些评论员说中国人没有宗教感。什么意思呢？有宗教感的民族，他们头脑里会有一些神圣不可侵犯的东西，会有一个底线。好比说你电视（节目）不堪到一个什么程度，他脑子里是有一个天高地厚的。有人就认为，我们这个民族，虽然儒家立起了一个标准，可是没有宗教感。事实上，我在我身边感受到的那是永恒的实用主义、永恒的机会主义，没有一个最高的律令，所以什么事都能干得出来。您怎么看？

傅佩荣：中国人本来是信天的。《诗经》里说“天生烝民”、“天作高山”，相信天。政权出来之后，天子有特权祭天，一般老百姓就跟天保持距离，祭什么呢？祭祖先。所以“祖先崇拜”是外国人描写中国人宗教的一个重要概念。祖先崇拜，把你的生命拉到从祖先到子孙的浩然长流里。古人劝人常常说五个字，“毋忝尔所生”，你不要让你的祖先觉得可耻。所以人在外面做事，最怕家里人丢脸，让祖先蒙羞、让子孙蒙羞。像孟子说周朝厉王、幽王做了坏事，被称做“厉”跟“幽”，后代子孙再怎么好也没用，你不能改变祖先被人家说的那个难听话。中国人重视祖先崇拜的传统有他的好处。

> 天生烝民，有物有则；民之秉彝，好是懿德。
>
> ——《诗经·大雅》

> 天作高山，大王荒之。彼作矣，文王康之。
>
> ——《诗经·周颂》

> 我日斯迈，而月斯征。夙兴夜寐，毋忝尔所生。
>
> ——《诗经·小雅》

窦文涛：祖宗是我们的宗教。

傅佩荣：至少把这个当做宗教的替代品，产生的效果是类似的。

梁文道：我觉得中国还有一点，是从祖先崇拜发散出去的，中国人很喜欢说这种话，比如文天祥他想的是后代怎么看我，我的名字在历史上怎么被记录。所以以前的王朝中史官是很重要的，他记载一个皇帝的言行，皇帝都要怕的。皇帝已经有那么大的权柄了，但他仍然担心历史会怎么记录他。

傅佩荣：你说的正好是孟子对孔子的描写。孟子说“孔子作《春秋》，而乱臣贼子惧”，孔子也说“知我者其惟《春秋》乎！罪我者其惟《春秋》乎”，了解我的要在《春秋》这本书里面看，怪罪我的也在这里，为什么？以前说谁好谁坏是天子的专利，现在天子不管事了，孔子说我来冒险做一做吧。所以中国的历史传统从孔子作《春秋》开始，叫做“春秋大义”，让你知道你做坏事，后代子孙会知道。

窦文涛：但是现代社会市场经济，大学教授剽窃成风，（梁文道大笑）你说他在不在乎、惧不惧呢？过去我们好像认为您是教授，您的人格水平会比较高吧，是靠这个名声来撑持的，所以说穷也独善其身。但是现在好像不是这个社会了吧？

傅佩荣：两年前美国做过一个统计，一年之内上网查询最多的是两个字，第一个是“tsunami”，海啸；第二个叫做“integrity”，诚信。美国人为什么查这两个字？天灾人祸。一个自然界，一个人类。整个社会就是integrity出了问题。的确，这个社会从古到今，人生的奋斗确实不容易。就拿我在朋友家看到的两句对联来说，第一句是“学如逆水行舟，不进则退”，第二句“心如脱缰野马，易发难收”。人生真的是一个辛苦的历程，你稍微松懈就要往下走。我们说“从善如登，从恶如崩”，做好事像爬山，很辛苦，不能松懈；做坏事就像滚下山。为什么我们在教育界都很紧张，说现在“国学热”一定要把握契机，让大家得到一些传统文化中好的理念？好的理念得到之后不能保证人立刻改善，但至少让你知道什么叫善。有人访问梁漱溟先生，说梁先生您算不算圣人呢？梁先生说了一句话很好，他说我不是圣人，但是我知道圣人是什么样子——其实我们要学的就是这个。我自己做不到圣人，哪里有人活着就说

孔子与孟子像

自己做到了的，对不对？孔子也说“若圣与仁，则吾岂敢”，但你至少知道圣人是什么样子，知道之后才能“虽不能至，心向往之”。人活在世界上，最怕内心无所向往，感觉生命好像就停在这里。

窦文涛 ：但这涉及一个是不是存在永恒标准的问题。好像朱熹说过一句话，满街都是圣人。

傅佩荣 ：是王阳明的学生说的。

窦文涛 ：现在有人就说了，真要是那个情况不也挺可怕？我们搞过这个啊，我们希望满街都是雷锋，那可能吗？

傅佩荣 ：不可能。

窦文涛 ：所以现在有人说儒家这套东西和自由派所说的人的多样化选择，人的自由，一个人一个样子，不要用同一个标准去要求，不是矛盾的吗？

傅佩荣 ：子曰：“己所不欲，勿施于人。”天下有比这句话更尊重别人的吗？我不希望别人在背后骂我，我就不要在背后骂别人。天下没有人可以否认这句话的价值呀。所以我们看孔子、孟子，不能泛泛地看，要针对你提什么问题，看看孔孟有什么话说。

儒家对异端特别宽容

梁文道：我觉得儒家还有一个特点，就是并不是大家想象的那么封闭，它是很宽容的。我记得有一个台湾学者钱兴祖教授，写过一篇文章很好玩。他讲中国传统特别是儒家里面怎么讲异端。以前西方天主教对付异端是用宗教法庭去审判的，而中国儒家对异端的理解跟西方完全不一样。儒家讲异端的时候会说，这是一个异端，跟我们不同，但是很少会说因为它不同，我们要怎么样去对付它，怎么样去整治它。它反而讲究“和而不同”。

傅佩荣：这是孔子的思想，有两句话，第一句“攻乎异端，斯害已类”。孔子说你批判异端的话，会制造出后遗症。因为你批判别人，别人也批判你；你说别人异端，别人也说你是异端。第二句话是“道不同不相为谋”，我们两个的人生理想不一样，大家各自发财，不要勉强。

窦文涛：但是不要批判吗？不要言论自由吗？

傅佩荣：言论自由对孔子来说就是“和而不同”啊，你自由讲嘛，但是你是异端我不批评你。因为我认为自己是对的，这本身就是问题。

窦文涛：我们学术界所说的“争鸣”又该怎么理解？

傅佩荣：基本上是百家争鸣呀。

窦文涛：能批判您吗？（笑）

傅佩荣：当然可以，但你要根据事实来批判。每一个人建立学说的时候，都从经验里面找材料，最后整理出来一个架构，希望别人认同他，认同之后成为一个学派，所谓的“九流十家”就出来了。但是最后还要接受检验，检验一个学说有两个方法：第一，这个学说出来之后，人性是不是可以自由自在地尽量发展？第二，发展之后，你是不是快乐？很多人问孔子和颜渊为什么快乐？因为他们的学说让自己快乐。你很穷困，但很快乐，这证明你的学说可能是对的；相反地，我穷困我就生气，我就吵架，代表你的学说根本有问题。

窦文涛：很穷困又很快乐，我身边还没有见着这样的朋友。（笑）

四十不是不惑是“大惑”

窦文涛：最近武汉一个重点大学，很著名的大学——

梁文道：说你母校就行了。（笑）

窦文涛：我母校（武汉大学）是很好的，母校特别好，风景优美！但是它现在有点事引起很大争议。它开了一个国学班啦，但收费奇高，二万八！每个月最后一周的周末上两天课，一年才上二十四天课，然后就收二万八，引起很多争议。我不知道这事您有什么评论？

傅佩荣：分两点来看，第一，知识基本上是无价的，尤其是国学的智慧。商业社会供求关系嘛，你有这个需要，有这个钱可以付，去听国学绝对比你买辆跑车好多了。我赞成这个做法，知识应该有代价，叫智慧财产。第二，这些企业家在物质方面非常丰盛了，他看到社会制度也慢慢改变，但又不能改得太快，他只有追求理念。而且他面对世界他要竞争的时候，他怎么跟外国人来往啊？跟外国人来往，讲完八卦之后，就谈你们怎么看待人生。这些企业家怎么跟别人谈？我到国外念书，别人跟我聊的时候，马上就问，老子你知道吗？庄子你知道吗？他对你学的专业比如数学、物理，没什么兴趣，那是大家共同的东西。他想知道的是你这个民族在世界上凭什么存在，到底在文化上有什么特质可以让你自豪。企业家现在需要这个，他以他的能力去付钱上课，没有问题。我只是要补充一点，武汉大学在那个地区也应该想办法开办一系列民间公益讲座，配合起来就没事了。

梁文道：我还是很好奇，其他国家怎么做他们的经典教育的？欧洲是不是做得很好很完善？他们中学是怎么样做的？

傅佩荣：在某些国家中学时代就有一些哲学教育。法国有一次考大学的时候，题目就是“人是什么？”就这么简单，让你自由发挥，代表他们中学时代就有一些基本训练。有本书叫《苏菲的世界》，在欧洲是写明了给十四岁小女孩看的。我最近碰到一个学生，他说我可不可以看这个书？我说你在中国长大，十四岁看不懂，上大学才看得懂。我在台大做过实验，学生看不懂，为什么？因为你没有基础的哲学教育，并且谈的都是西方哲学，西方哲学一旦变成中文就出问题了。你看得懂的地方都不重要，重要的地方都看不太懂，（笑）为什么？翻译翻得不好。所以你没有思考的基础、没有学习的基础，很难看懂。他们（欧洲中学生）上大学之后，有一个核心课程就是我们刚才说的“通识教育”。每个大学都希望自己培养的学生不只是专家——那太窄了，因为你到社会上找了工作之后，到了中年阶段很可能当了主管了，这时候你对人性不了解，对人生的幸福没有理解，你怎么去安排自己的生活呢？

窦文涛：但是儒家就能让人了解吗？

傅佩荣：《论语》总共有511章，你全部看完以后就发现，它讲的都是做人处世的道理。

窦文涛：几千年前做人处世的道理和几千年后完全一样吗？

傅佩荣：这就要谈到文化问题了。文化分三个层次，第一个器物层次，像我们今天用的麦克风、开的汽车这些，叫器物；第二是制度层次，像以前的封建社会，现在慢慢走向开放的现代社会，都是制度性的东西；第三个叫理念层次，儒家、道家、《易经》讲的都是理念，不谈器物和制度，谈也是附带谈。理念层次是普遍的、相通的，我们今天听西方人谈宗教、谈哲学问题，什么苏格拉底说、柏拉图说，我们可以听得懂，为什么？因为他不是讲器物跟制度嘛。

窦文涛：但我也听到一种观点，说中国儒家要是真行的话，怎么现在的道德水准这样呢？美国人家没有儒家那一套，但是美国人也仁义礼智信呀，讲诚信讲道德啊，这该怎么看呢？

傅佩荣：得从两方面来看，第一，儒家从来没有被真正理解过，从来没有被真正实践过，所以现在儒家讲了半天社会没有改善，因为那是假的儒家嘛；第二，所有其他社会不要说美国了，埃及、希腊也一样，它能够存在发展，一定是有某些理念经过了先圣先贤们的研究，作为了很多人生活的规范。西方世界以宗教作为理念的保存者，小孩从小随父母上教堂，念主日学校，听《圣经》故事，慢慢知道怎么做人处世。

梁文道：而且我们这儿情况不一样，也不能都说是儒家的错。因为学界认为，除经济实力增强、文化自信上升、社会公德未能与经济同步发展等因素外，“国学热”还有两个直接催生因素：
第一，海外新儒家对大陆学术界的反哺。牟宗三、徐复观、杜维明等人的著作陆续在大陆出版并广为流传，掀起了儒学研究高潮。
第二，学界与媒体联手推动。一些高校纷纷成立国学研究机构，召开国学研讨会。媒体方面如于丹讲《论语》、王立群讲《史记》等，唤起了国人对传统文化的热情。

过去几十年我们都没教儒家啊，我们有另一套经典教育，中学生都在上政治课嘛。

窦文涛：台湾教儒。

傅佩荣：台湾是把它放在中学课程里面要考试，凡是要考试的都没有人喜欢。

窦文涛：您教授说这话。（大笑）

傅佩荣：真是这样子。我们教学生也知道，只要是考试他就不喜欢，是靠背的。举个例子，学生背“三十而立，四十而不惑”，我问学生什么叫“四十而不惑”？学生说我到四十岁就没有迷惑了啊。请问他真的知道什么叫“四十而不惑”吗？他才二十来岁呀，只有到四十岁才知道四十是大惑啊。

窦文涛：我现在就四十了，我怎么没觉得不惑呀，我觉得更惑了。

傅佩荣：因为你跟孔子不一样啊。（笑）

梁文道：孔子十五岁就志于学啦，兄弟。（大笑）

窦文涛：我还以为三十没立，所以四十就惑了呢。

梁文道：你现在开始学，大概七十能不惑。（笑）

窦文涛：估计我五十也不能知天命，六十耳也不顺，七十不能从心所欲，还老犯规矩，哈哈。

演讲秘诀在于察言观色

窦文涛：问您点个人问题啊，在现代社会能讲的人是很吃香的，对吧？像您就非常能讲，但是您小时候跟我一样，都有过口吃。

傅佩荣：我在八岁到十七岁，小学三年级到高二，在学校公开场合，任何地方，只要有大人在，没说过一句话。非不为也，是不能也。口吃呀，小时候调皮学别人口吃，一学就会了。

窦文涛：没错！我在小学，班里有个口吃的，我老学老学，最后就成这样了。最后我怎么治好的？我哥一转身，“啪”给我一大嘴巴。我说：“你干什么？”就好了。

傅佩荣：就好了？可惜我哥哥没有给我一嘴巴。（笑）我到高二才去矫正口吃。有专门的老师教你深呼吸，别紧张，想说什么话先想一想，第一个字特别重要，它被卡住的话，就换一个字……学了两个月终于可以慢慢讲话了。九年的口吃改变我的一生，至少让我有两点感受：第一，我这一生都不会嘲笑别人，因为我从小就是被人嘲笑着长大的，所以很容易有同理心，替别人设想。比如我演讲从不迟到，因为我怕别人等我，我不好意思。

窦文涛：这就是“己所不欲，勿施于人”。

傅佩荣：第二，我很珍惜说话的机会。我现在教书嘛，尤其是教哲学，哲学很难讲的，讲不清楚，讲了让别人听不懂很容易。

窦文涛：听不懂很容易，哈哈。

傅佩荣：因为小时候说话有困难，我后来特地学习怎么说话别人才听得懂。

窦文涛：怎么说话的？给我们传几招。

傅佩荣：你一定要根据听到人的心态，比如你讲三分钟，别人皱眉头，就知道该讲得浅显一点，该举个例子讲个笑话什么的。

窦文涛：要会察言观色。

傅佩荣：一定要。我觉得讲得要让大家都听得懂很辛苦，是一个挑战，因为听讲的人程度不同。程度越整齐越好，你就可以抓到一个大概的思想频率，慢慢往上面提升。你讲得只要让别人听了稍微多一点体会，他就觉得今天没有浪费时间了。

梁文道：您最近来大陆作演讲越来越多，您觉得大陆这些学生听您演讲跟台湾比起来，分别怎么样？

傅佩荣：说实在的，台湾因为听演讲太容易太普遍了，大陆不一样，大陆学生听演讲特别热忱。我去年在六所大学作演讲，包括北大、清华，学生反应非常热烈，地板全部坐满。当时我看了很感动，心想他们会不会白来一趟呢？所以我讲得特别认真。我因为小时候口吃，说话的时候自己听得到，也知道别人听我话之后心里会有什么反应，再根据这个调整说话的方式，所以效果就比较好。

窦文涛：受过苦的人不一样。其实这也是儒家强调的同理心，把自己带入别人的感受，这就是一个交际的过程……

圈内人

王　蒙

1937年生，河北南皮人，生于北平。1956年发表短篇小说《组织部新来的年轻人》，被划成“右派”。1978年调北京市作协工作。后任《人民文学》主编、中国作协副主席、文化部长、国际笔会中心中国分会副会长等职。著有《活动变人形》《季节三部曲》《布礼》《旋转的秋千》《红楼启示录》等。出版《王蒙自传》三部曲：《半生多事》《大块文章》《九命七羊》。作品被译成英、俄、日等多种文字。

许子东

浙江天台人，1956年生，香港岭南大学中文系教授，中国文艺理论学会副会长。著有《郁达夫新论》《当代文学印象》《先锋派小说中有关“文化大革命”的“荒诞叙述”》；编选有《香港短篇小说选1998—1999》《输水管森林：三城记小说系列第一辑——香港卷》《再读张爱玲》（与刘绍铭、梁秉钧合编）等。论文及专着多次获奖。担任《锵锵三人行》嘉宾，善于把思想学术融入日常话题。

陈丹青

1953年生于上海，1970—1978年辗转赣南与苏北农村插队落户，其间自习绘画。1978年考入中央美术学院油画系研究生班。1980年展出《西藏组画》引起轰动，与罗中立的《父亲》并称中国当代美术史的里程碑。1982年赴美，以自由职业画家身份定居纽约。2000年应清华大学美术学院邀请回国任教，2007年离职。出版《纽约琐记》《陈丹青音乐笔记》《多余的素材》《退步集》《荒废集》等。

王　朔

1958年生，1976年中学毕业后，曾在海军北海舰队服役，后在北京医药公司工作。1978年开始文学创作，发表《空中小姐》《一半是火焰，一半是海水》《顽主》《千万别把我当人》《玩的就是心跳》《我是你爸爸》《看上去很美》等中长篇小说。后进入影视业，策划电视剧《渴望》和《编辑部的故事》，大获成功。近年出版《我的千岁寒》《致女儿书》等，自称《金刚经》和《时间简史》是他的两大武器。

梁文道

1970年生于香港，少年长于台湾，毕业于香港中文大学哲学系。17岁开始投稿生涯，28岁开始参加各类文化艺术活动，也在多个文化艺术机构及非政府组织担任董事、主席或顾问之职，同时任大学客席讲师、书院院长及杂志主编等。现任凤凰卫视评论员、主持人，《南方周末》《南方都市报》等海内外多家报刊专栏作家。

查建英

1959年生，1982年毕业于北京大学中文系，同年赴美，先后就读于南卡罗来纳大学、哥伦比亚大学。曾为《万象》《读书》《纽约客》《纽约时报》等撰稿。已出版非小说类英文著作《China Pop》，杂文集《说东道西》，小说集《丛林下的冰河》等。2006年新书《八十年代访谈录》出版，在大陆学术界引起轰动。

刘震云

1958年生，河南延津县人，1982年北京大学中文系毕业，自此开始文学创作至今。出版《故乡天下黄花》《故乡相处流传》《一腔废话》《手机》《我叫刘跃进》等长篇小说，中短篇小说集《塔铺》《新兵连》《一地鸡毛》《温故一九四二》等，是作品被改编为影视剧最多的中国当代作家。

张承志

1948年生于北京，高中毕业去内蒙古乌珠穆沁草原插队，放牧四年。1975年毕业于北京大学历史系考古专业，1981年毕业于中国社会科学院研究生院民族历史语言系，但真正毕业的学校，“也许是西海固的贫瘠山地。在那里，我潜入了中国农村的底层，触摸了中国的深沉。”代表作有《黑骏马》《北方的河》《心灵史》等，被誉为中国当代最具有理想主义气质的作家。

任世民

1950年生于兰州，1981年毕业于中央工艺美术学院，其后赴德国柏林艺术大学深造。现任教于中央美术学院壁画系。教授课程：浮雕、素描、TDP设计、公共环境艺术设计、立体构成、雕塑等。代表作品：《呐喊》《我以我血荐轩辕》（北京鲁迅博物馆汉白玉浮雕）《希望之门》《她在这》《东、西柏林》等。先后在德国、法国等地举办个展和联展。

白先勇

1937年生，回族，广西桂林人，作家，国民党名将白崇禧之子。1952年移居台湾。1960年与台大同学陈若曦、王文兴等创办《现代文学》杂志，对推动台湾现代派小说创作产生了深远的影响。1965年，赴加州大学圣塔芭芭拉分校教授中国语文及文学，直到1994年退休。出版小说集《寂寞的十七岁》《台北人》《纽约客》，散文集《蓦然回首》，长篇小说《孽子》等。热爱中国地方戏昆曲，这些年对其保存及传承不遗余力。

李焯芬

1945年生于广东中山，工程与技术科学基础学科（岩土工程、地质工程）专家。1972年毕业于加拿大西安大略大学，获博士学位。现任香港大学副校长、香港工程科学院院长。针对香港暴雨触发滑坡和风化土破坏机制提出新的防治方案，使滑坡灾害防治工作达到世界前沿水平。对国内的三峡、大亚湾等工程也做了大量咨询。2003年当选为中国工程院院士。

傅佩荣

1950年生，祖籍上海，台大哲学系教授。先后获得台湾大学哲学研究所硕士和美国耶鲁大学哲学博士学位。曾任比利时卢汶大学客座教授、荷兰莱顿大学讲座教授、台湾大学哲学系主任兼哲学研究所所长。被台湾《民生报》评选为大学最热门教授，其作品获台湾最高文化奖、最高文艺奖。近几年解读《论语》《孟子》《老子》《庄子》《易经》的著述在大陆出版，影响力日渐广大。

图书在版编目（CIP）数据

锵锵三人行·文化圈／凤凰卫视出版中心编.－南京：江苏文艺出版社，2010.3
（凤凰丛书）
ISBN 978－7－5399－3632－1

Ⅰ.①锵… Ⅱ.①凤… Ⅲ.①电视节目－解说词－中国－当代②文化－评论－中国 Ⅳ.①I235.2②G12

中国版本图书馆CIP数据核字（2010）第032775号

上架建议：大众文化·畅销书

锵锵三人行·文化圈

编　　者：凤凰卫视出版中心
责任编辑：黄孝阳
装帧设计：风　筝
出版发行：凤凰出版传媒集团
江苏文艺出版社　http://www.jswenyi.com
集团网址：凤凰出版传媒网　http://www.ppm.cn
印　　刷：北京京都六环印刷厂
经　　销：新华书店
开　　本：880×1230　1/32
字　　数：150千字
印　　张：8
版　　次：2010年5月第1版
印　　次：2010年5月第1次印刷
书　　号：ISBN 978－7－5399－3632－1
定　　价：28.00元